藤田久美子

パッチワーク
パターン750

日本のカタチ

The Shape of Japan
750 Patchwork Patterns
Kumiko Fujita

Contents もくじ

はじめに 4

文化　Culture　6

生活用具　Tools for living　24

家・建物　House / Building　34

食　Food　44

年中行事　Annual event　50

観光　Tourism　58

自然　Nature　63

ことわざ　Idioms　68

茶道・華道・香道　Tea ceremony, flower arrangement and burning incense　76

禅語　Zen words　84

和模様　Japanese pattern　89

伝統家紋　Traditional family crest　98

現代家紋　Modern family crest　103

文字（カタカナ、漢字ほか）　Typographic characters (katakana, kanji, et al)　112

基本の道具と基本の縫い方　154

コラム1　色のこと　42
コラム2　日本の色のこと　66
コラム3　パターンデザインのこと　110

HOW TO MAKE　161

本書について
About this book

- 本書は日本にまつわるさまざまなカタチをパッチワークパターンにしたパターンブックです。
- 本書に掲載されているパターンはすべて、定規とコンパスを使って好きなサイズに製図することが出来ます。
- パッチワークが初めての方は、154ページからの「基本の道具と基本の縫い方」を参照して作ってみてください。
- パターン以外の作品の仕立て方は、161ページからの「HOW TO MAKE」に掲載しています。
- 各パターンには縦と横に等分線が引いてあります。等分線を数え、作りたいサイズを当てはめて目盛りを算出し、製図をしてください。
- パターン中の線は、ピースの接ぎ線、等分線からのガイド線、アップリケの下にあるピースの接ぎ線などを示しています（下図参照）。

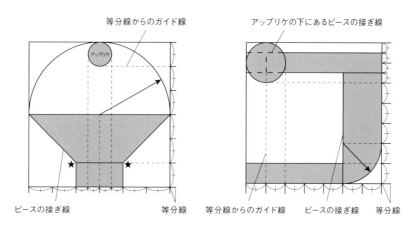

- アップリケの指示が入っている部分は、アップリケで制作してください。
- はめ込み縫いの箇所は、★で示してあります。
- カーブの矢印の箇所は、コンパスで円を描いて製図してください。
- 製図は以下の手順で行なってください。

① **パターンと作りたいサイズを決めます。**
→サイズが小さすぎると縫い代の重なりが多くなるため、縫いにくくなります。1目盛が1cm以上になるようにサイズを決めましょう。

② **各パターンには縦と横に等分線が引いてあります。その等分線を数え、サイズを当てはめます。**
→右のパターンを20×20cmで作りたい場合、大きな等分線が8本なので、8等分です。20÷8＝2.5で1目盛りが2.5cmということになります。

③ **計算したサイズで方眼用紙に製図をします。**
→初めに20×20cmの外枠を引き、縦横に2.5cm間隔で等分割の目盛りを描き込みます。この目盛りをガイドに、接ぎ線を描き入れていきます。

20×20cmで作りたい場合

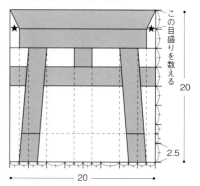

はじめに
Prologue

　歳を重ねるごとに、四季に恵まれた美しい日本の文化や自然をカタチで表現出来たらと思うようになりました。私の思い描くカタチとは、シンプルな図形で構成されたパッチワークパターンのこと。

　本書は、文化、生活用具、家・建物、食、年中行事、観光、自然、ことわざ、茶道・華道・香道、禅語、和模様、伝統家紋と現代家紋、そして文字の14のカテゴリーから成り立つ、具象と抽象のパターンブックです。オリジナルパターンがメインですが、削ぎ落とされたデザインの伝統家紋とパッチワークのトラディショナルパターンのアレンジも掲載しています。家紋は日本古来のロゴ的存在で、世界に誇れるデザインです。現代家紋はそのカタチを継承しながら現代の要素を加えて、ユーモラスにパロディー化したり、身近なものにバリエーション化して、お気に入りのデザインになりました。パッチワークのトラディショナルパターンは、角度を変えて見ると日本のカタチに見えたり、類似するパターンがあるのが興味深いです。ことわざは具象的に、禅語は抽象的に、言葉をカタチにする難しさがありましたが、表裏一体で幾何学図形の楽しさもありました。文字はカタカナパターンを中心に、漢字、数字のパターンを掲載。特に平安時代に漢字から生まれたという直線的なデザインのカタカナは、ワンポイントでの使用や組み合わせて単語や文章で幅広く使っていただけるように、アからンの50音を6種類、紹介しています。

　私の肩書きはキルトデザイナーです。オリジナルパターンの製図をするときは、どのように配色してもらえるか、楽しんでもらえるかを思い浮かべながらデザインしてます。心掛けているのはなるべくピースの数が少ないシンプルなデザインにすること、そして縫いやすい分割ラインであること、またパターンの中に美しい幾何学図形が存在することです。この本が、日本の面白さや素晴らしさの再発見につながり、また、デザインや作品作りの参考になってくれることを願います。本書のパターンが、国内外の多くの方に興味を持っていただき、伝承され、いつかトラディショナルパターンの仲間入りが出来たら幸せです。

藤田久美子

文化 | Culture

段替わり文様
Checkered-like pattern

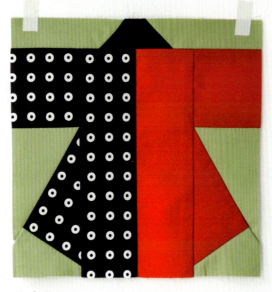

片身替わり
Alternate pattern kimono

中振袖
Middle length long-sleeved kimono

長羽織
Long kimono jacket

火消し半纏
Firefighter jacket

羽織と袴
Kimono jacket and kimono trousers

製図 ▶ p.8

文化 / Culture

段替わり文様
Checkered-like pattern

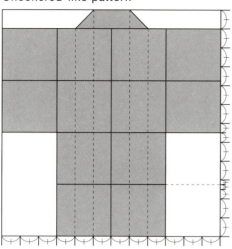

火消し半纏
Firefighter jacket

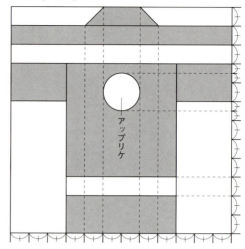

片身替わり
Alternate pattern kimono

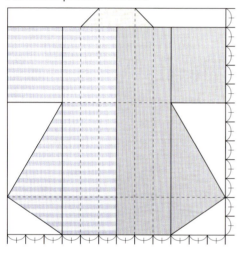

長羽織
Long kimono jacket

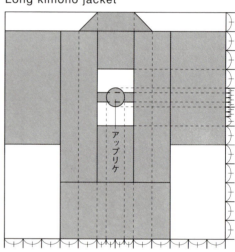

中振袖
Middle length long-sleeved kimono

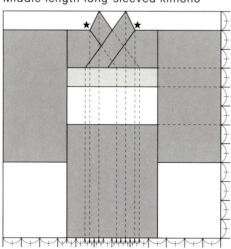

羽織と袴
Kimono jacket and kimono trousers

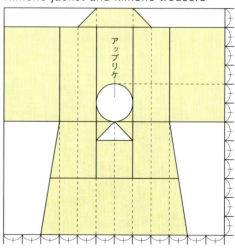

火消し纏
Fire company insignia

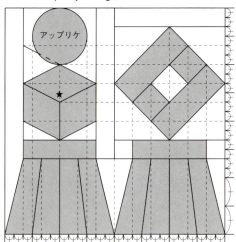

下駄
Wooden clogs

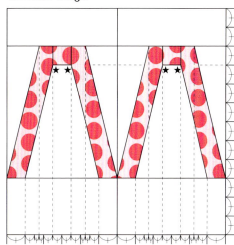

つまみ細工髪飾り
Tsumami craftwork hair ornament

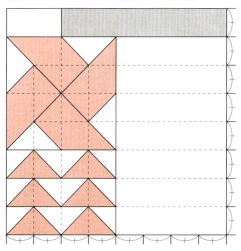

浴衣
Form of summer kimono

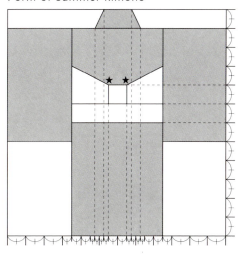

法被
Festival jacket

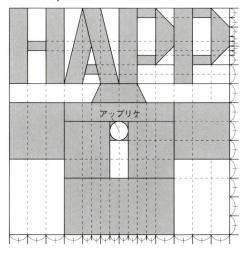

男羽織
Men's kimono jacket

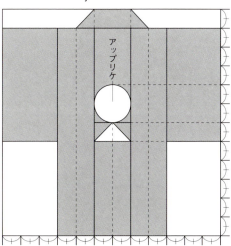

文化 ‖ Culture

文化 / Culture

こけし
Kokeshi doll

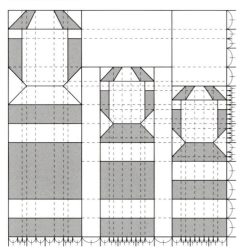

赤べこ
Akabeko toy

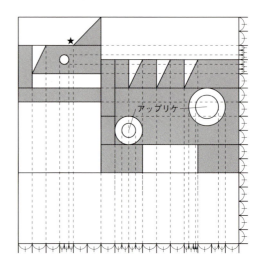

張子の犬
Papier-mâché dog

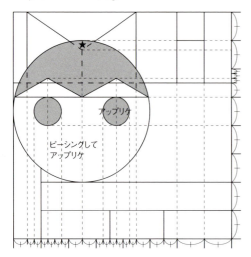

だるま
Dharma doll

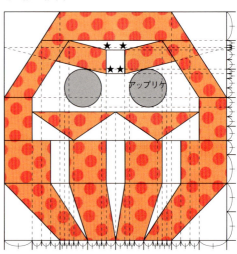

奴凧
Yakko kite

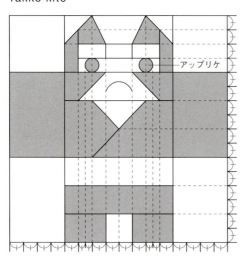

折り紙鶴
Origami crane

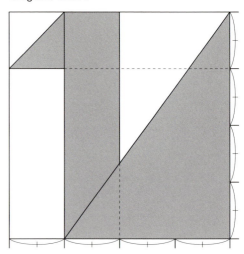

10

八幡馬
Yawata horse toy

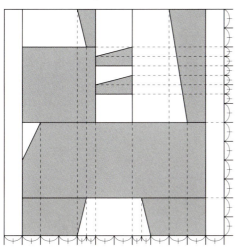

長崎凧
Nagasaki kite

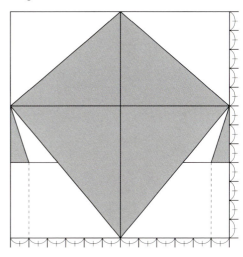

竹とんぼ
Flying toy

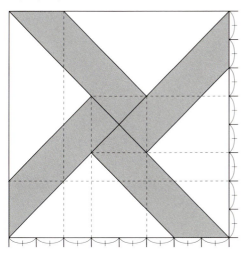

風車
Windmill

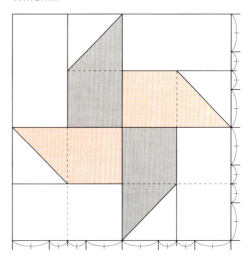

独楽
Spinning top

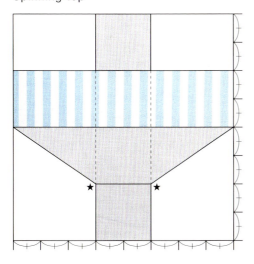

でんでん太鼓
Pallet drum

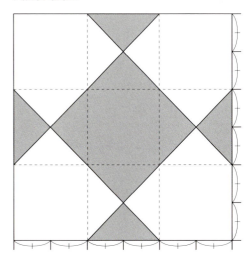

文化 ‖ Culture

文化
Culture

相撲取り
Sumo wrestler

助六の隈取り
Sukeroku's stage makeup

揚げ幕と鏡板の松
Theater curtain and decorative painted pine panels

漫画 A
Manga - A

舞妓さん A
Maiko - A

忍者
Ninja

製図 ▶ p.14.15

文化 / Culture

相撲取り / Sumo wrestler

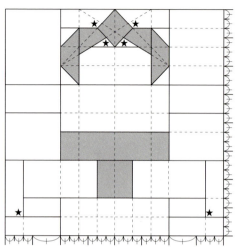

忍者 / Ninja

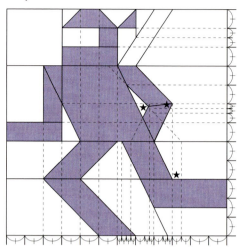

漫画 A / Manga - A

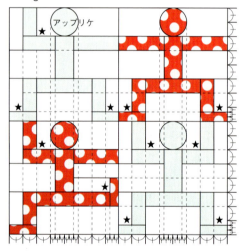

漫画 B / Manga - B

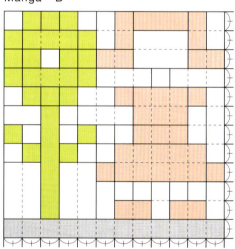

助六の隈取り / Sukeroku's stage makeup

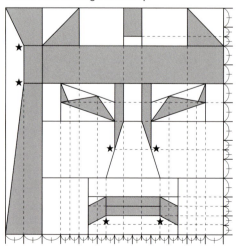

揚げ幕と鏡板の松 / Theater curtain and decorative painted pine panels

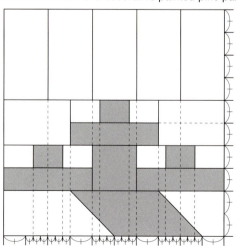

手裏剣 A
Throwing star - A

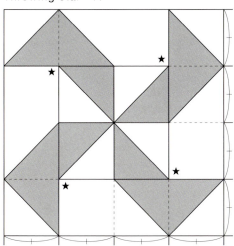

手裏剣 B
Throwing star - B

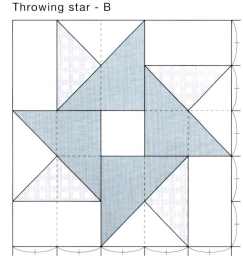

舞妓さん A
Maiko - A

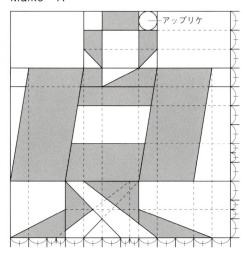

舞妓さん B
Maiko - B

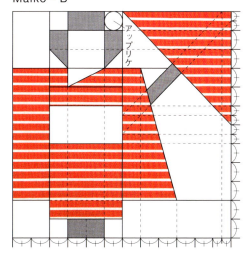

歌舞伎「松羽目物」
Kabuki "Matsubamemono"

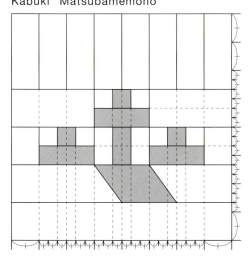

鏡獅子、連獅子
Kagamijishi, Renjishi kabuki dance

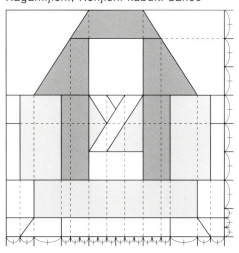

文化 Culture

15

文化 ‖ Culture

福助
Fukusuke lucky doll

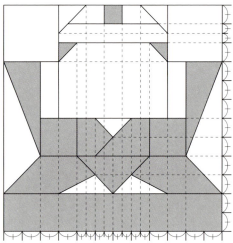

24時間営業
Open 24 hours

招き猫
Lucky cat

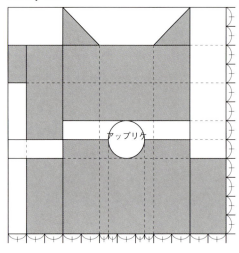

松竹梅
Pine, bamboo and plum

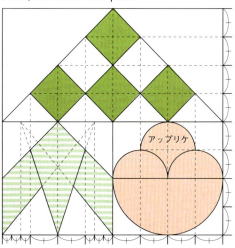

風呂敷 A
Wrapping cloth - A

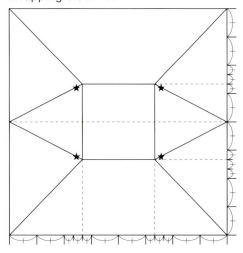

風呂敷 B
Wrapping cloth - B

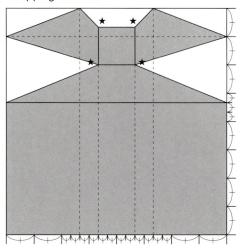

お屠蘇 A
New Year's spiced sake - A

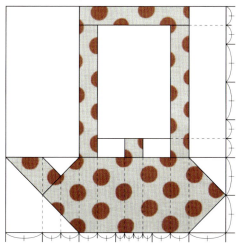

お屠蘇 B
New Year's spiced sake - B

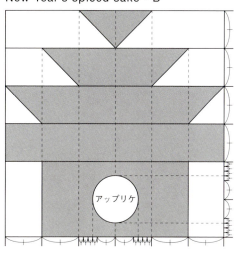

能面（男面）
Nō mask (Male mask)

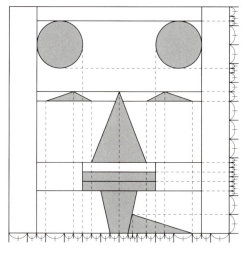

博多にわか
Hakata Niwaka

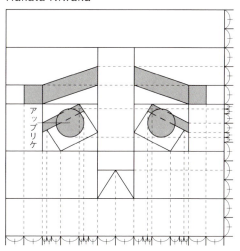

能面（女面）
Nō mask (Female mask)

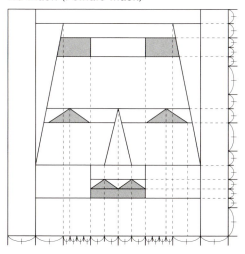

松明
Torch

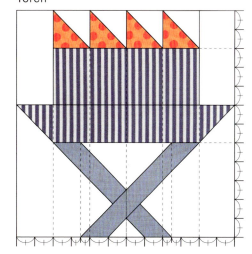

文化 ‖ Culture

文化
Culture

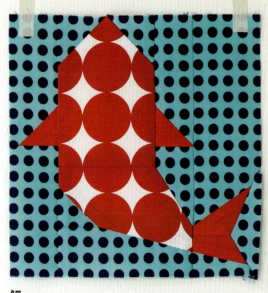

鯉
Koi fish

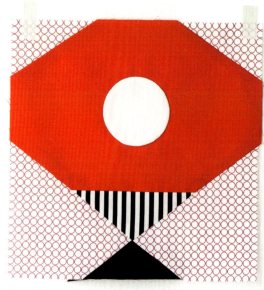

祝扇
Celebration fan

おかめ
Okame mask

白狐面
White fox mask

祇園提灯
Gion lantern

鳥居
Torii gate

文化 / Culture

おかめ / Okame mask
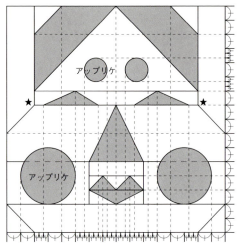

鯉 / Koi fish
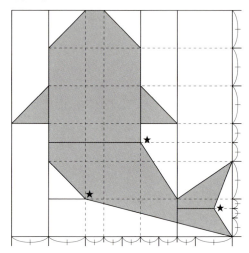

花結び / Flower knotting
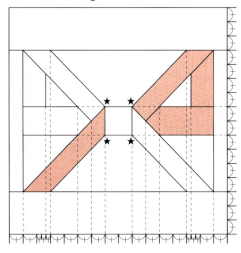

結び切り / Musubi-kiri knotting
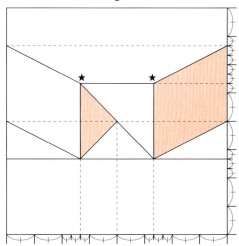

白狐面 / White fox mask
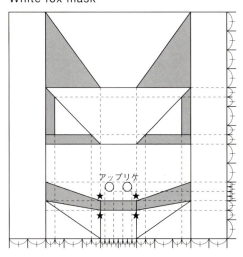

鳥居 / Torii gate
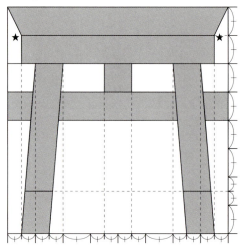

紙垂
Zig-zag shaped paper streamer

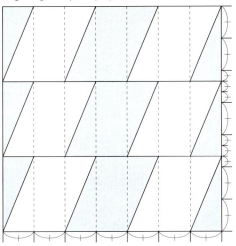

祇園提灯
Gion lantern

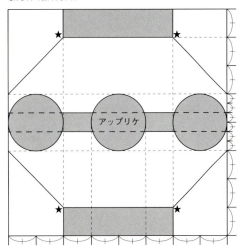

祝扇
Celebration fan

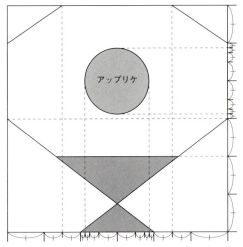

宝袋
Treasure bag

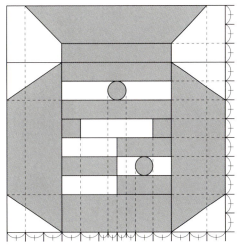

祝儀袋結び切り
Musubi-kiri knotting of gift money envelope

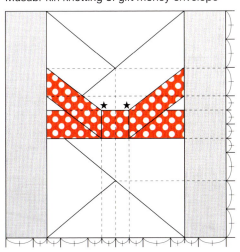

角隠し
Traditional headwear worn in wedding ceremonies

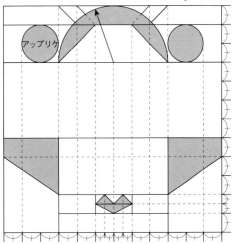

文化 = Culture

文化 ‖ Culture

かさねの色目（五衣と単）
Layers of colors
(Five-layer and unlined robe)

22　製図 ▶ p.23

平和
Peace

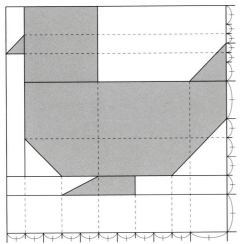

かさねの色目（五衣と単）
Layers of colors (Five-layer and unlined robe)

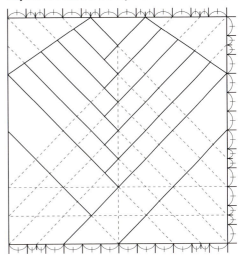

赤みみずく
Red owl toy

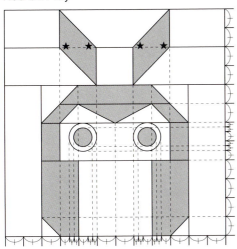

金魚提灯
Gold fish lantern

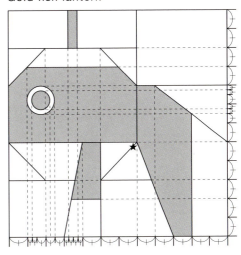

荒波（富国三十六景）
The Great Wave (Thirty-six views of Mount Fuji)

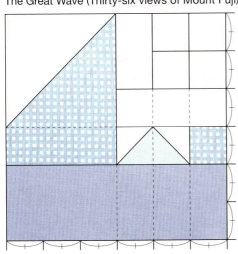

紅梅白梅図
Red and white plum map screen

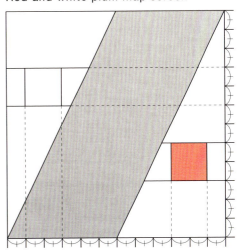

文化 = Culture

生活用具
Tools for living

夫婦湯のみ茶碗
Couple's teacups

宝瓶急須
Handleless teapot

湯のみ茶碗5客セット
Set of five teacups

南部鉄瓶
Nanbu iron kettle

茶托5客セット
Set of five saucers

横手急須
Side-handle teapot

製図 ▶ p.26.27

生活用具 ∥ Tools for living

大皿小皿
Large and small plates

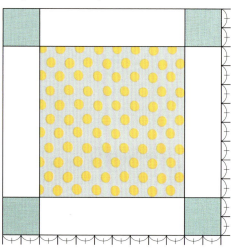

茶托5客セット
Set of five saucers

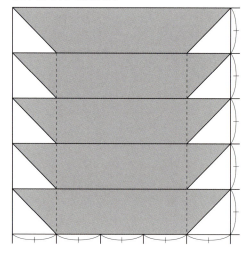

横手急須
Side-handle teapot

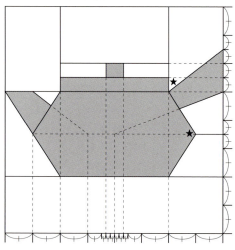

南部鉄瓶
Nanbu iron kettle

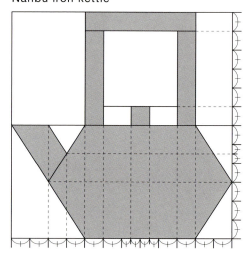

宝瓶急須
Handleless teapot

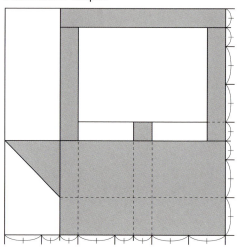

夫婦湯のみ茶碗
Couple's teacups

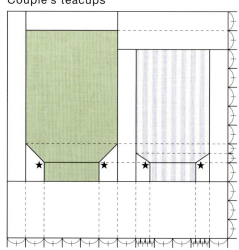

湯のみ茶碗5客セット
Set of five teacups

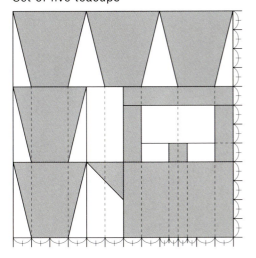

豆皿
Petit plates

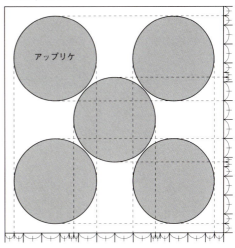

徳利と盃
Sake bottle and cup

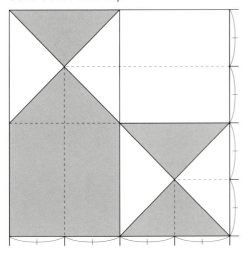

切子グラス
Kiriko glass

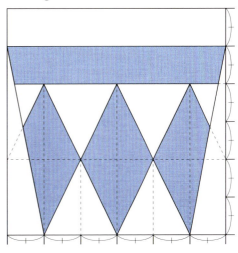

漆器椀
Lakker bowl

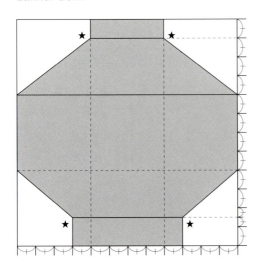

箸と茶碗
Chopsticks and teacup

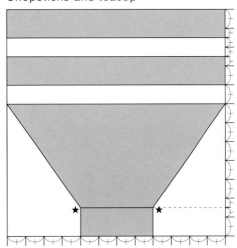

生活用具 ‖ Tools for living

生活用具 ‖ Tools for living

二重升
Concentric square water bowl

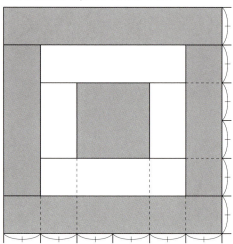

やっとこ
Pincers

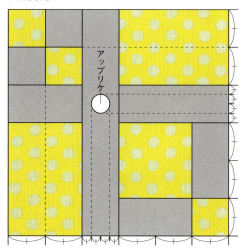

お釜
Iron pot

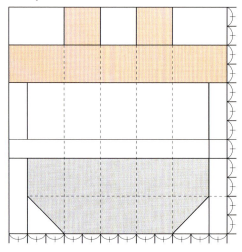

箸置きセット
Set of chopstick rests

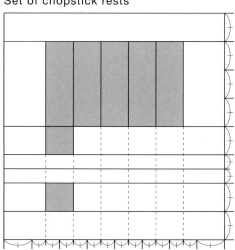

箸袋
Chopstick bags

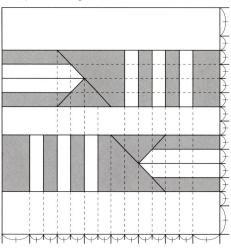

おたま
Ladle

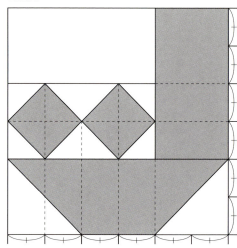

買い物かご
Shopping basket

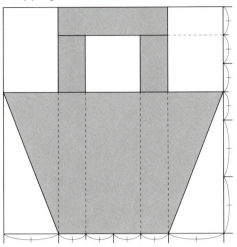

座布団
Cushion

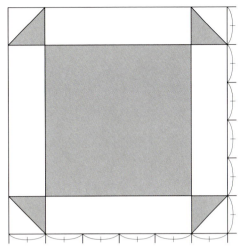

ひょうたん
Gourd

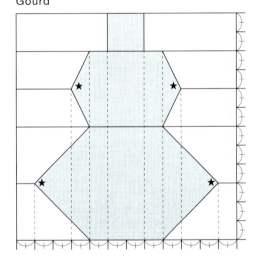

刷毛
Brush

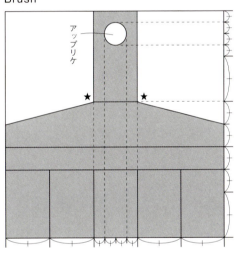

アップリケ

手杵
Mallets

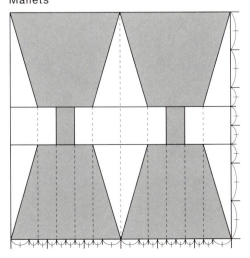

うちわ
Fan

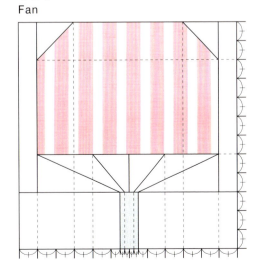

生活用具 ‖ Tools for living

生活用具
Tools for living

糸巻
Thread spool

にぎりばさみ
Snips

裁縫用具のポーチ
糸巻とにぎりばさみのパターンを、ポップな色合わせでぺたんこポーチに。大きめサイズは、縫いやすく、使い勝手もいいのが嬉しい。
各25×24㎝

糸巻
Thread spool

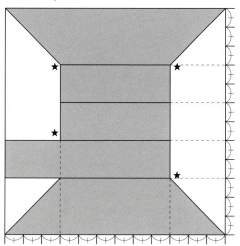

撚り糸
Twisted thread

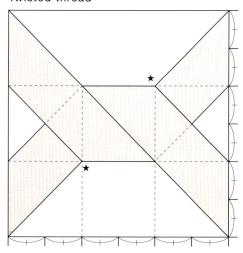

そろばん
Abacus

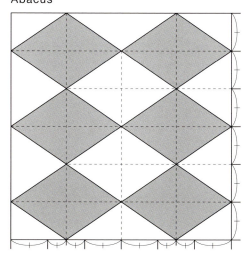

糸かせ
Yarn skeins

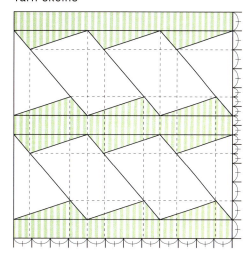

にぎりばさみ
Snips

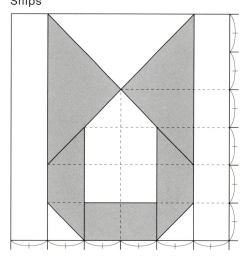

折り紙
Origami

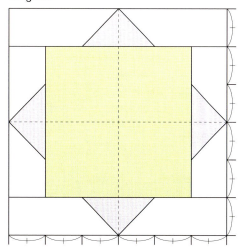

生活用具 ‖ Tools for living

生活用具 ‖ Tools for living

手提げ提灯
Handheld lantern

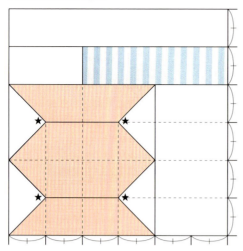

提灯
Lantern

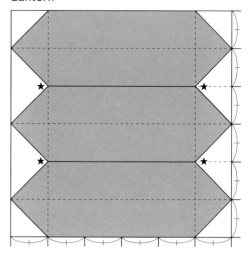

斧
Japanese axe

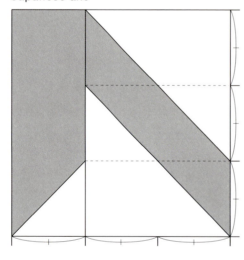

大八車
Daihachi cart

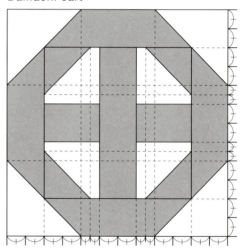

行灯
Lantern

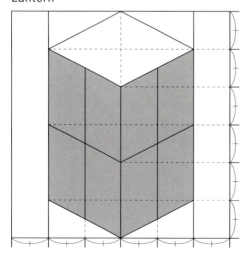

手提げ盆
Handled serving tray

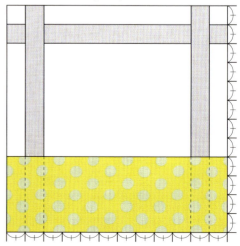

傘
Umbrella

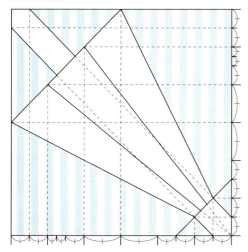

屏風四曲一隻
Four-panel folding screen

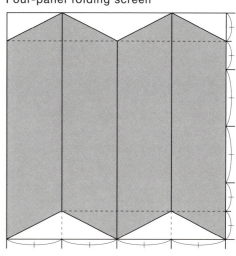

梯子
Ladder

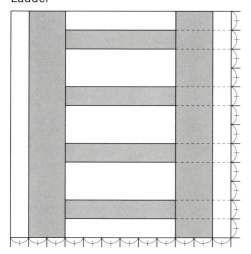

砂紋道具
Rake

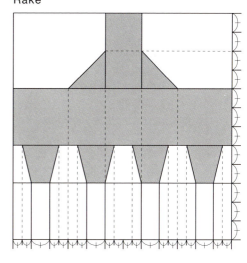

和ろうそく
Japanese candle

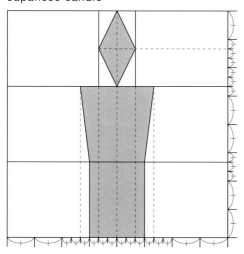

くし
Combs

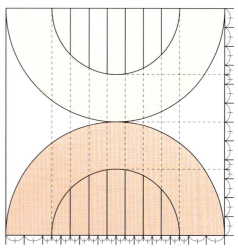

生活用具 ‖ Tools for living

家・建物
House / Building

4畳半
Four and a half tatami mats

不祝儀8畳B
Misfortune-styled eight tatami mats - B

8畳
Eight tatami mats

4畳半茶室
Four and a half tatami mat tea room

不祝儀8畳 A
Misfortune-styled eight tatami mats - A

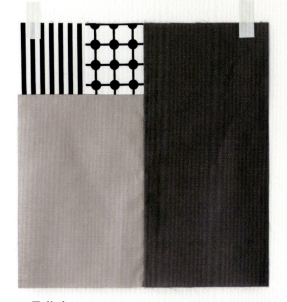

2畳茶室
Two tatami mat tea room

製図 ▶ p.36

家・建物 House / Building

4畳半
Four and a half tatami mats

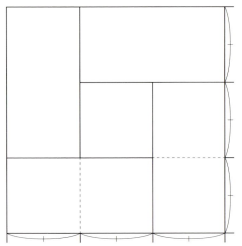

8畳
Eight tatami mats

2畳茶室
Two tatami mat tea room

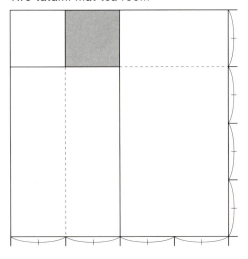

4畳半茶室
Four and a half tatami mat tea room

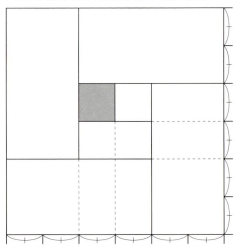

不祝儀8畳 A
Misfortune-styled eight tatami mats - A

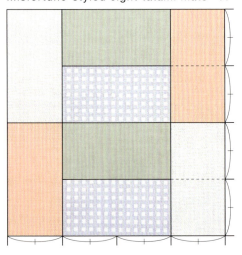

不祝儀8畳 B
Misfortune-styled eight tatami mats - B

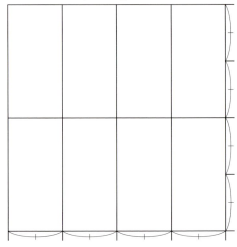

唐紙 A
Karakami paper for screen doors - A

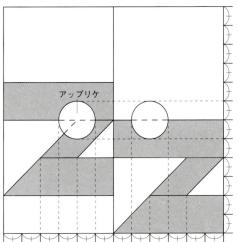

唐紙 B
Karakami paper for screen doors - B

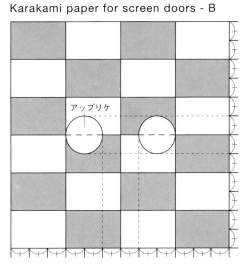

格子
Wooden latticework

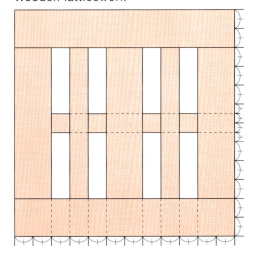

箱階段
Stair drawers

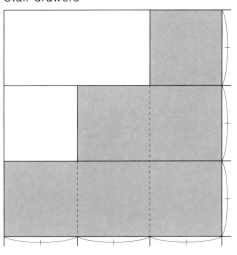

なまこ壁
Grid-pattern wall

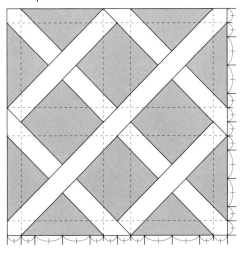

違い棚
Uneven shelves

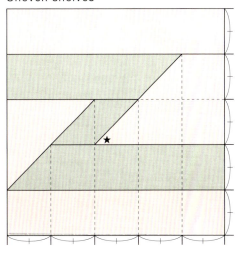

家・建物 House / Building

家・建物 House / Building

石灯籠
Stone lantern

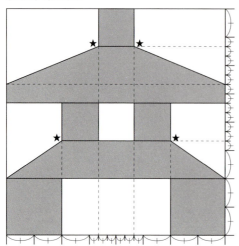

日本庭園
Japanese garden

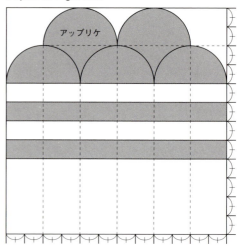

花盆栽
Flower Bonsai

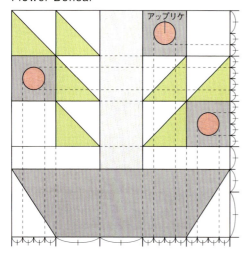

盆栽
Bonsai

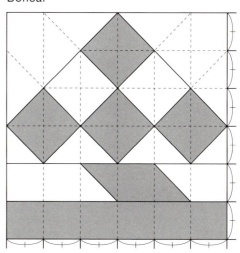

枯山水の砂紋
Raked rock garden ripple marks

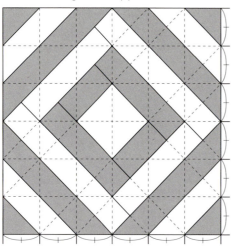

十字結び
Cross-knotting

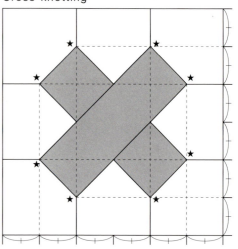

石畳 A
Paving stones - A

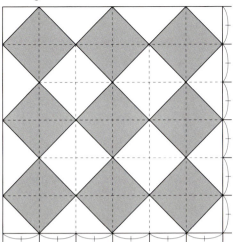

石畳 B
Paving stones - B

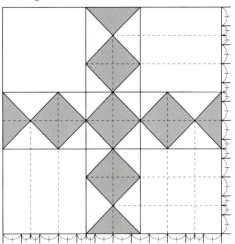

合掌造り
Gasshou-style houses

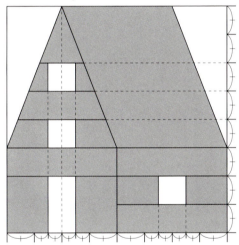

山小屋
Mountain hut

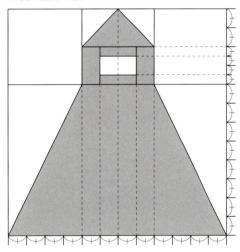

京町屋
Kyoto-style historical wooden house

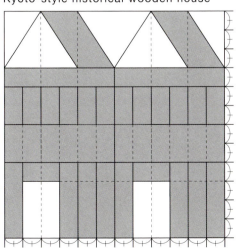

住宅街
Residential area

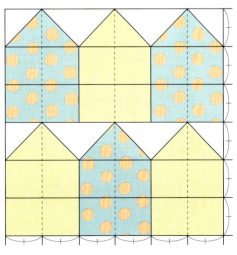

家・建物 House / Building

家・建物
House / Building

畳敷のクッション
四角形と長方形で構成された畳敷のクッション大小。シンプルなパターンは、ほっこりとした色のウール素材であたたかみを持たせます。
大 各40×40㎝　小 各30×30㎝

製図 ▶ p.36　作り方 ▶ p.163

コラム 1

色のこと

色の基礎を知ることは、配色を考える際のヒントになります。
本書のパターンや作品の配色を例に色の基礎知識を紹介します。

色相

色相とは赤、青、緑といった色みの違いのことです。色相を、リング状に順番に並べたものを色相環といい、12等分で分割されたものを12色相環といいます。赤を一番上に置く場合もありますが、上に明度の高い黄色、反対の下の位置に明度の低い青紫、右の位置に青緑、その反対の左の位置に赤を置き、それぞれの間に中間の色相を置きます。右の12色相環は、白や黒が混ざらない一番彩度が高い色なので純色、またビビットトーンといいます。色相環にはさまざまな種類がありますが、パッチワークの配色を考える場合は、この12色相環を基準に考えるとよいでしょう。

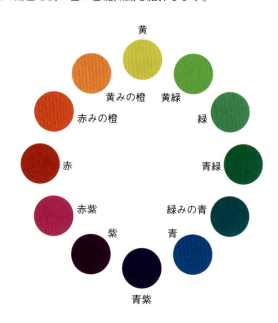

明度と彩度
色みの明るさを示したものを明度といい、色みの強さや鮮やかさを示したものを彩度といいます。色は色相、明度、彩度の3つの要素から出来ていて、この3つをコントロールすることで配色がスムーズになります。

無彩色と有彩色
無彩色とは、白・グレー・黒の色みのない色のこと。それに対し、有彩色は無彩色以外の色みのある色のことです。
無彩色には色相と彩度がなく、明度のみがあります。色相を持たないので、他の色と合わせやすく、どんな有彩色と組み合わせても馴染む特性があります。また、周りの色を際立たせる効果もあります。
黒は収縮色、後退色、強硬色、重量色なので、実際より重く感じさせ、モダンな印象や高級感を与えます。逆に自己主張が強く、不安感を与えるイメージがあり、この部分がきっとキルターの方が苦手と思われる部分なのではないでしょうか。
黒は有彩色を引き立たせる便利な色です。白は黒の逆で、膨張色、進出色、柔軟色、軽量色なので、信頼感や清潔感があり、すっきりしたイメージを与える、主張しない色です。グレーは濃い色から薄い色まで、調和のとれた上品で穏やかなイメージで、どんな色とも合わせやすく、馴染みやすい色です。

暖色と寒色
暖かみのある色のことを暖色、涼やかな色のことを寒色といいます。またそのどちらにも属さない色を中性色といいます。

同一色相配色
色相が同じ色同士（同系色）の配色を同一色相配色といいます。共通性があるので統一感が出て、まとまりのある配色になります。例えば、色相「橙」の同一色相は焦げ茶、ベージュ、サーモンピンクなど「橙」の明るい、暗い、淡い、濃い、弱い、強いの色のことです。

隣接色相配色と類似色相配色
隣接色相配色は色相環の隣り合う色の組み合わせのことで、もう少し幅を広げた色を類似色相配色といいます。隣接色相配色と類似色相配色は、近い場所にある色同士なので、適度な統一感と変化を兼ね備えた配色です。

補色と対照配色
リング状に並ぶ色相環の向かい合った位置にある色を補色といいます。対照色（反対色）は、補色を含め少し幅を広げた色を指します。補色、対照色の組み合わせは、向かい合った場所にあるので、互いの色を強調し合い、引き立て合う、はっきりとした印象を持つ配色です。

グラデーション配色
色の濃淡、明暗、色相などが徐々に変化し、3色以上の多色配色をグラデーションといいます。グラデーションで配色したものは、自然な心地よい色の変化で、まとまりやすい配色です。

無彩色と有彩色の例

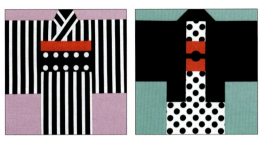

着物の配色を無彩色にし、背景に伝統の渋色を組み合わせた。黒と白がモダンですっきりとした印象に繋がっている。また帯部分の少量の赤がアクセントになっている（6・7ページ掲載、製図は8ページ）。

無彩色のみで配色。柄と無地の濃淡を組み合わせることで、単調さを解消した。背景に薄いグレーを配し、調和のとれた印象に（77ページ掲載、製図は79ページ）。

同一色相配色と隣接色相配色の例

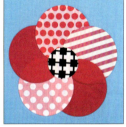

緑系の同系色と黄緑系の隣接色で配色。単調になりがちな近い場所にある色同士の配色に、ドット柄で動きを加えた（25ページ掲載、製図は26ページ）。

抹茶茶碗（76ページ掲載、製図は78ページ）の茶碗部分は黄緑、梅（92ページ掲載、製図は94ページ）の花びら部分は赤紫の同一色相で配色。同一色相の配色でまとまりはあるが、さらに無彩色の柄を少量加えることで、引き締まった印象になる。

補色と対照配色の例

赤と黄の花と緑の葉、花器は赤の対照色である緑の組み合わせで、お互いを引き立て合っている。カラフルな印象も残しつつ強調し合う色合いで全体をまとめた（77ページ掲載、製図は78ページ）。

グラデーション配色の例

糸部分を赤紫の3色のグラデーションで配色。無地のみにせず、ドットを1枚入れることで軽やかさが加わった。（30ページ掲載、製図は31ページ）

43

Food | 食

せんべい
Rice crackers

おせち料理
New Year's dishes

梅干しご飯
Pickled plum rice

寿司
Sushi

三色団子
Three-color dumpling

海老天丼
Shrimp tempura rice bowl

食 / Food

寿司
Sushi

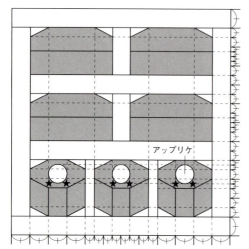

三色団子
Three-color dumpling

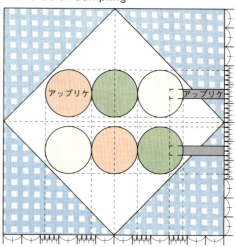

海老天丼
Shrimp tempura rice bowl

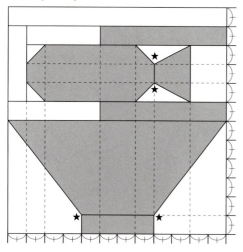

せんべい
Rice crackers

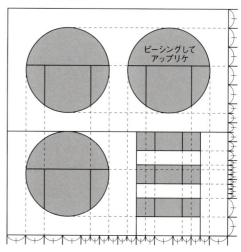

おせち料理
New Year's dishes

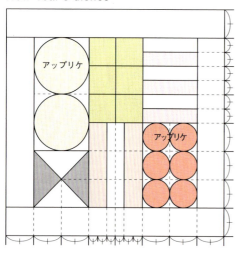

梅干しご飯
Pickled plum rice

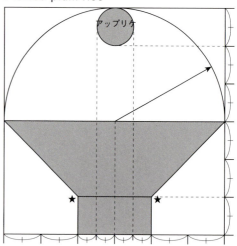

おでん
Oden

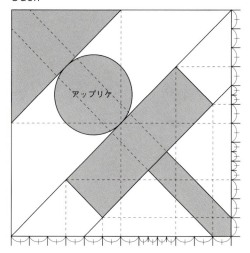

手巻き寿司
Rolled sushi

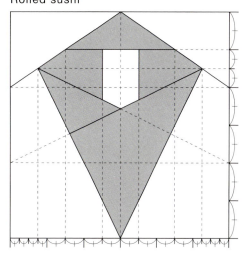

おにぎり
Rice ball

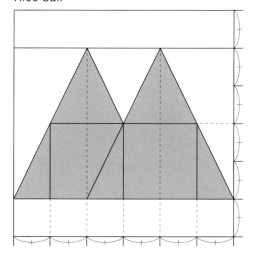

おにぎり4個
Four rice balls

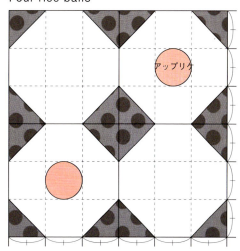

おそば
Soba

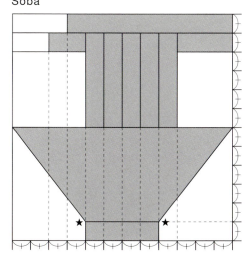

助六寿司
Sukeroku sushi

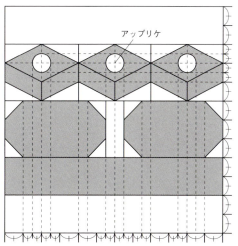

食 ≡ Food

羊羹 2 つ
Two adzuki bean jellies

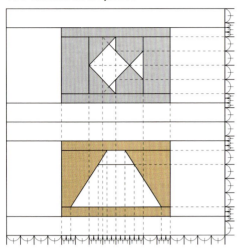

羊羹 4 つ
Four adzuki bean jellies

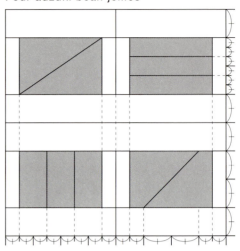

菓子盆
Snack tray

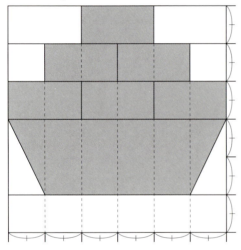

くず餅
Kudzu root starch cakes

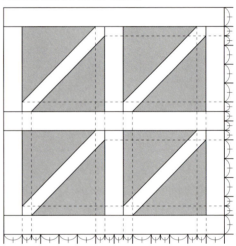

包み和三盆
Wasanbon sugar candy

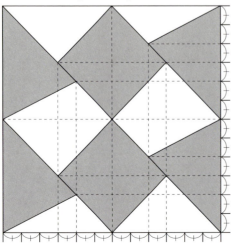

八ツ橋
Yatsuhashi

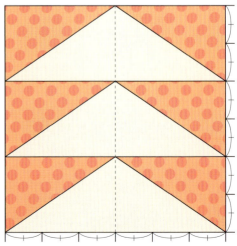

めざし
Dried sardines

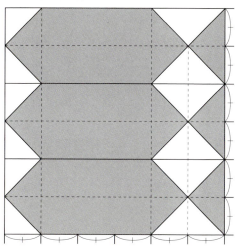

三色弁当
Three color lunch box

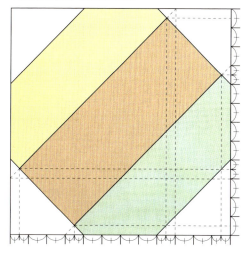

梅干し弁当
Bento lunch box with pickled plum

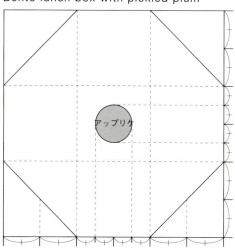

鯛
Sea bream

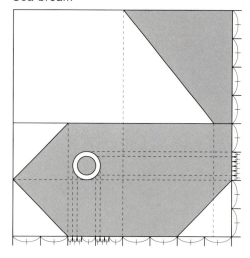

たこ焼き
Fried octopus balls

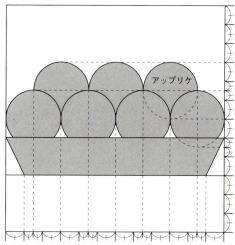

紅白饅頭
Red & white steamed bun

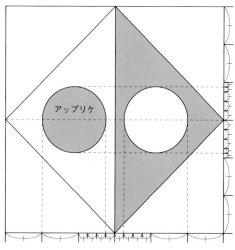

食 ≡ Food

年中行事
Annual event

折り紙かぶと
Origami head armor

鯉のぼりと家々
Carp-shaped streamer and houses

菖蒲
Iris

女雛
Girls'Day decorative empress doll

男雛
Girls'Day decorative emperor doll

菱餅
Girls'Day decorative
diamond-shaped rice cake

年中行事 / Annual event

男雛
Girls' Day decorative emperor doll

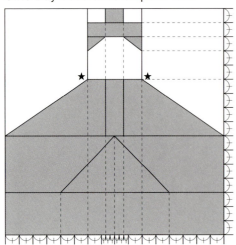

女雛
Girls' Day decorative empress doll

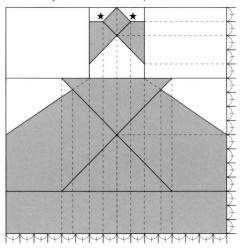

菱餅
Girls' Day decorative diamond-shaped rice cake

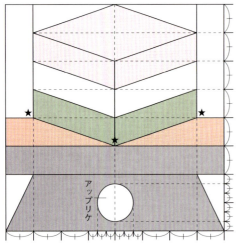

ぼんぼり
Girls' Day decorative paper lamp

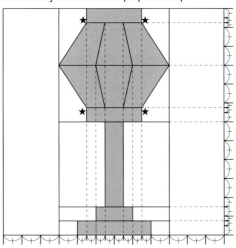

卒業式の袴
Graduation kimono trousers

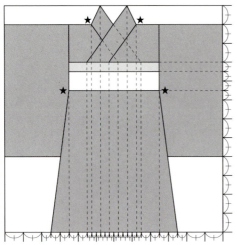

桜の花びら
Cherry blossom petals

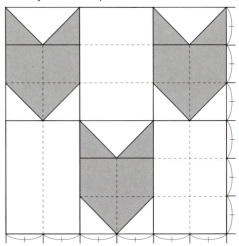

鯉のぼりと家々
Carp-shaped streamer and houses

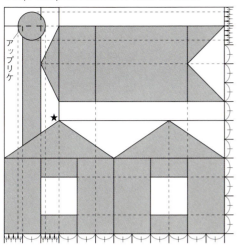

折り紙かぶと
Origami head armor

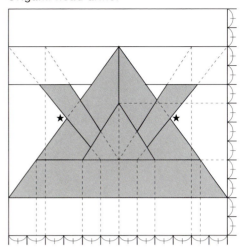

菖蒲
Iris

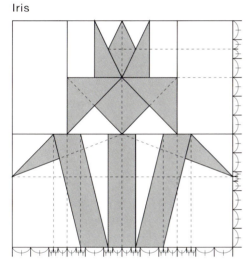

吹流しとこいのぼり
Five colored streamer and carp-shaped streamer

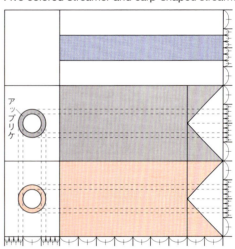

豆まき
February good luck throwing beans

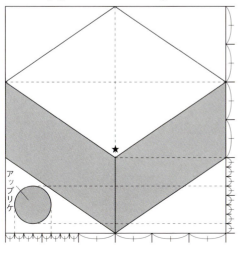

鬼
Devil

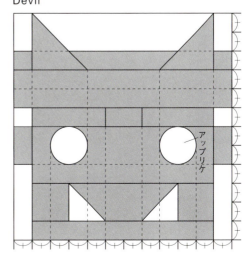

年中行事 ‖ Annual event

53

年中行事 / Annual event

鏡餅
New Year's
round flat rice cake

門松
Pine and bamboo
New Year's decoration

新年飾りのパネル
モノトーンに赤を効かせて、モダンな色合いの新年飾り。鏡餅と門松、おめでたい2つのパターンのパネルで新年を迎えます。
各30×30cm

54　製図 ▶ p.55　作り方 ▶ p.171

門松
Pine and bamboo New Year's decoration

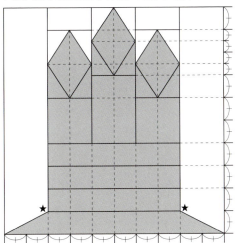

鏡餅
New Year's round flat rice cake

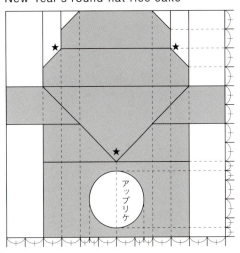

破魔矢
New Year's lucky charm arrow

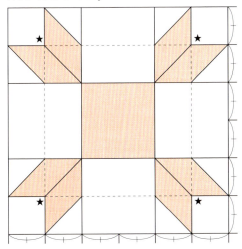

祝杯
Toast

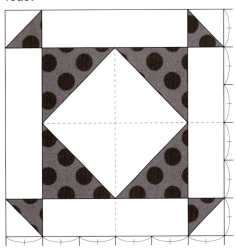

重箱
Tiered boxes

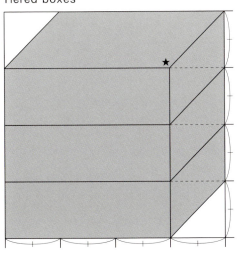

国民の祝日
National holiday

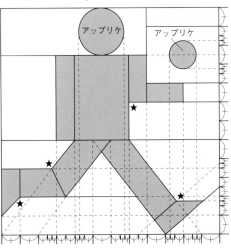

年中行事 = Annual event

55

年中行事 / Annual event

春うらら
Beautiful Spring day

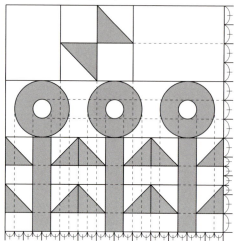

てるてる坊主
Good weather charm

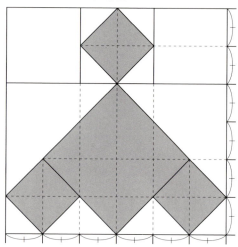

雨とてるてる坊主
Rain and good weather charm

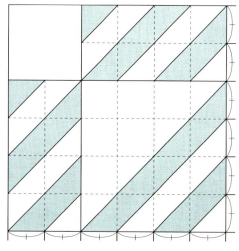

紫陽花
Hydrangea

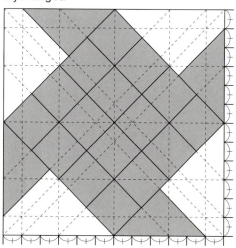

七夕
July star festival

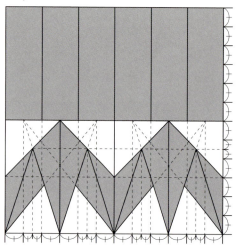

風鈴
Wind chime

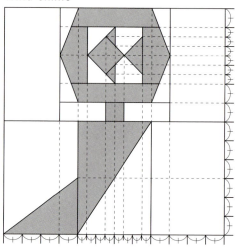

56

月見
Moon viewing

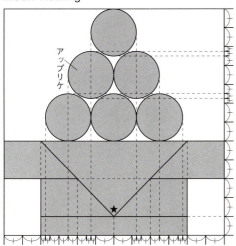

兎の餅つき
Rice cake-pounding rabbit

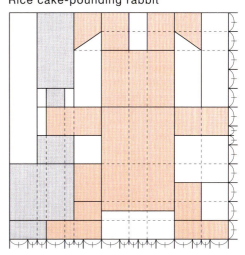

運動会
Sports Day

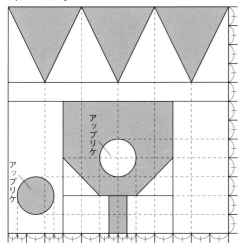

紅白幕
Red and white curtain

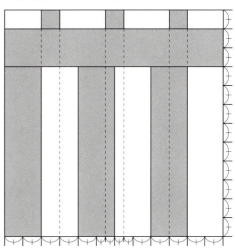

収穫の秋
Autumn harvest

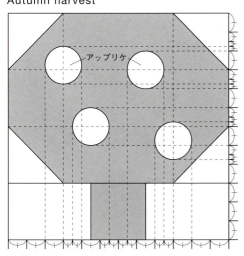

除夜の鐘
New Year's Eve bell

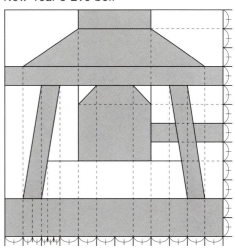

年中行事 Annual event

観光 | Tourism

渋谷スクランブル交差点
Shibuya Scramble intersection

日本地図
Map of Japan

スカイツリーと東京タワー
Sky Tree & Tokyo Tower

富士山
Mount Fuji

観光地のバッグ
渋谷のスクランブル交差点、日本地図、スカイツリーと東京タワー、富士山の4パターンをぺたんこバッグにしました。遊び心のある配色がポイントです。
各 24 × 24㎝

製図 ▶ p.60　作り方 ▶ p.164　　59

観光 / Annual event

スカイツリーと東京タワー
Sky Tree & Tokyo Tower

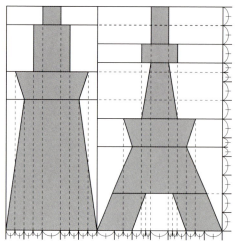

渋谷スクランブル交差点
Shibuya Scramble intersection

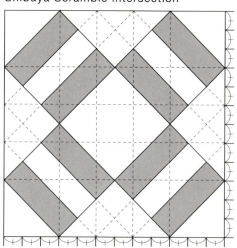

富士山
Mount Fuji

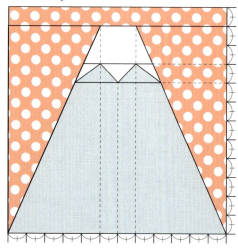

日本地図
Map of Japan

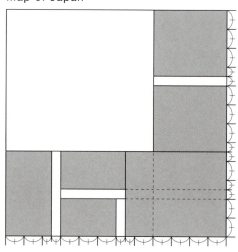

逆さ富士
Reflected Mount Fuji

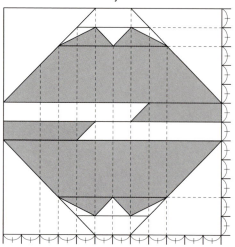

大和三山
Yamato Sanzan

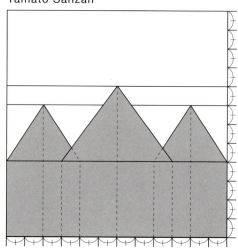

興福寺 三重塔
Three-storied pagoda in Koufukuji Temple

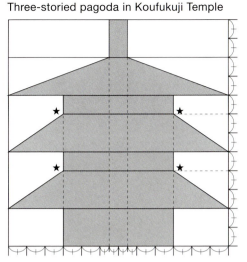

源光庵 悟りの窓と迷いの窓
Window of Confusion and Window of Enlightenment in Genko-an Temple

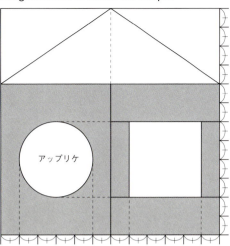

雲龍院 色紙の窓
4-sided window panels in Unryu-in Temple

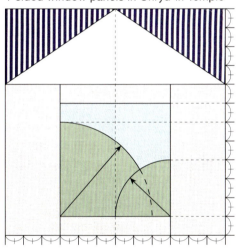

大文字送り火
Daimonji Okuribi

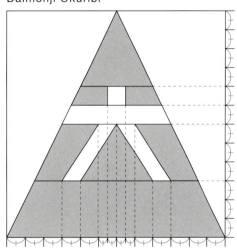

桜島火山
Sakurajima volcano

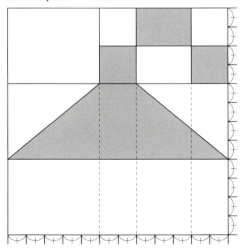

熊本城
Kumamoto Castle

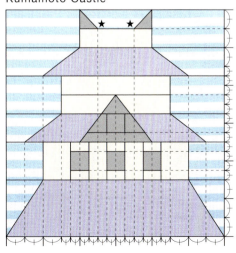

観光 ＝ Annual event

61

観光 ‖ Annual event

阿波踊り男
Male Awa-odori festival dancer

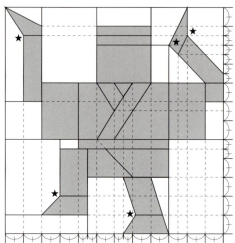

阿波踊り女
Female Awa-odori festival dancer

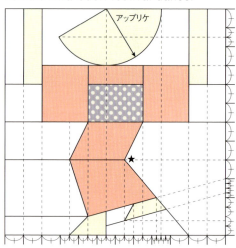

鎌倉大仏
Buddha in Kamakura

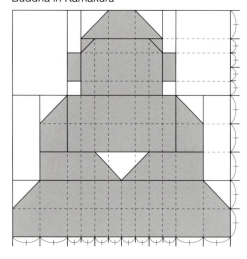

銀閣寺 枯山水
Ginkakuji Temple rock garden

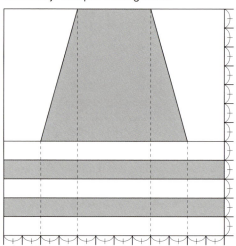

円通寺 備景庭園
Entsuji Temple garden view

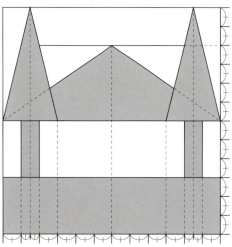

南禅寺 天授庵の石畳
Stepping stones of Tenjyu-an at Nanzen-ji

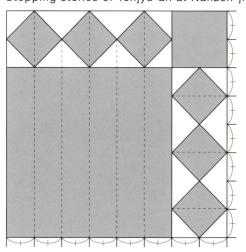

山霞
Mountain haze

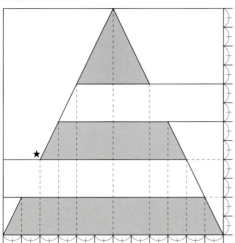

満月
Full moon

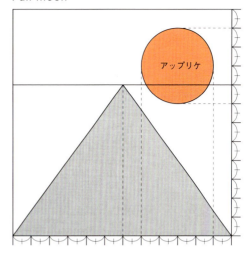

月明かり
Moonlight

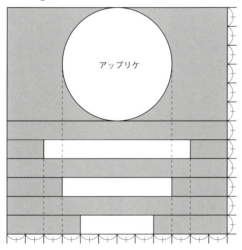

朔望月
Lunar month

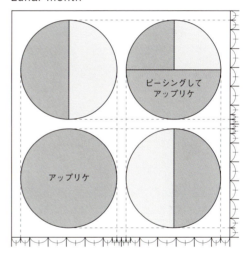

日本海
Sea of Japan

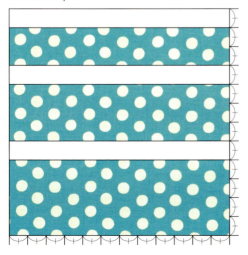

台風
Typhoon

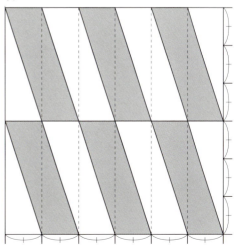

自然 = Nature

自然 Nature

白波
White waves

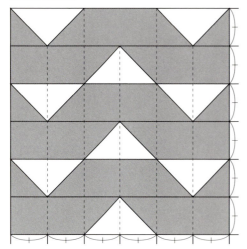

高波
High waves

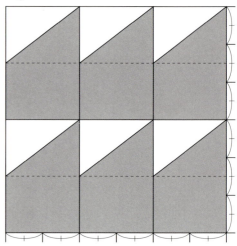

梅雨
Rainy season

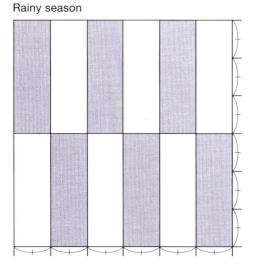

白妙
Whiteness

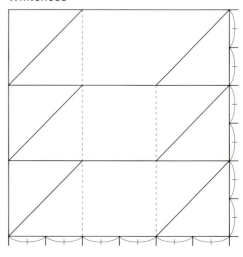

かまいたち
Tokai Kamaitachi

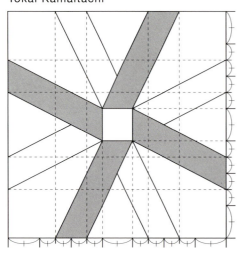

五月雨
Early summer rain

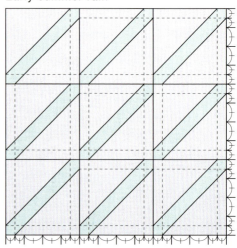

自然 Nature

もみじのプロペラ
Maple propeller

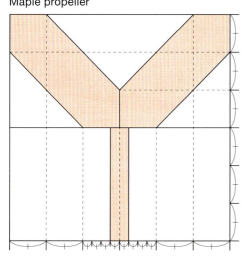

松林
Pine grove

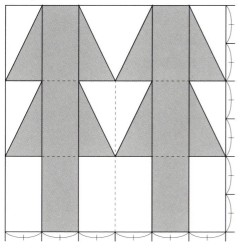

一日
One day

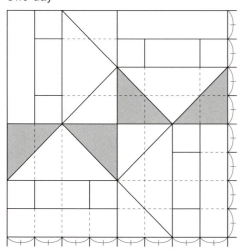

防風林
Windbreak

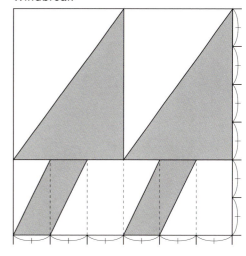

一本杉
Solitary cedar

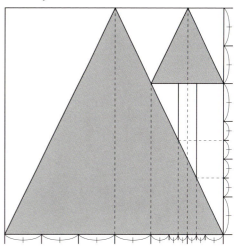

冬枯れ
Desolation in winter

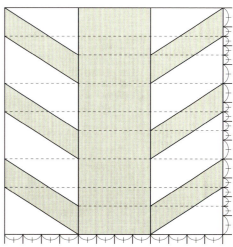

65

日本の色のこと

今までは大きなくくりでしか見ていなかった日本の伝統色も、
詳細に調べていくと古代から近代までの色の変遷が実に面白いです。
それぞれの時代の色や特徴を、それらを参考にした配色の作品例と共に紹介します。

古代の色

色の表現が生まれる前、古代日本の色の概念は「明暗顕漠」と呼ばれ、光の感覚で色を表現していたそうです。明は夜明け（赤）、暗は闇（黒）、顕は夜明け（白）、漠は明と暗の中間（青）を指し、それがのちに赤、黒、白、青となりました。

赤、黒、白、青の明暗顕漠をイメージした配色。デザインの印象はそれぞれ個性的でも、まとまったすっきりと清々しい印象の配色に（18・19ページ掲載、製図は20・21ページ）。

飛鳥時代の色

飛鳥時代は仏教伝来と共に大陸の色が伝わった時代です。聖徳太子が制定した冠位十二階は順番に、紫、青、赤、黄、白、黒のそれぞれの濃淡色で地位が定められていました。化学染料がなかった時代、濃い色は何回も重ねて染色する高貴な色で、冠位十二階の濃い色は大、淡い色は小と濃淡によって大小を区別しました。この色は中国の「五行思想」がベースになっています。五行思想とは、人間が暮らしていく上で大事なことを表した自然崇拝の思想で、この思想は今も残る日本の民族催事に多く影響を与えました。万物は「木・火・土・金・水」の5種類の元素からなり、これらは互いに影響し合い自然は循環しています。木は火を生み、火は燃えて土に還る。土にはさまざまな金属が含まれ、その中をくぐって水が生まれ、その水が木を育てるという自然哲学。五行思想では、木は青または緑、火は赤、土は黄、金は白、水は黒または紫の色で表されます。これは有彩色と無彩色の組み合わせです。青、赤、黄は色の三原色、これに白と黒を加えるとどのような色相も表すことが出来ます。有彩色と無彩色、三原色など、紀元前の中国に色相という概念があったことが興味深いです。

青と緑、赤、黄、黒と五行思想をベースに展開した配色。シンプルに無地のみでの構成にし、それぞれのピースを際立たせてモダンな印象に（106・107ページ掲載、製図は108ページ）。

平安時代の色

平安時代からは日本独自の繊細な色が生まれました。貴族たちの装束の色合わせは色彩調和のオンパレード。さまざまな色を重ねた配色美を好み、襟元、袖口、裾に四季折々の「かさねの色目」の彩りを楽しみました。「かさねの色目」の配色はグラデーション、同系色、暖色や寒色、反対色でメリハリを付けたりと、季節のさまざまな色の組み合わせや、植物や四季にちなんだ名前が付けられました。例えば「紅梅の匂」「萌黄の匂」

など「匂」が付く名前は同系色のグラデーション配色のことです。源氏物語、枕草子など文学の面でもファッションの面でも華やかな時代、この時代にカタカナも考案されました。「かさねの色目」は、「重ねの色目」「襲の色目」と書きます。薄い絹の表地と裏地の二色を重ねたときに出来る色のことと、女房装束の襟元、袖口、裾をずらすことによって出来る、色の重なりの両方のことです。平安時代の貴族たちは四季の移ろいや自然の色を大切に色の調和を考えました、美しい色使いは自然の中にありました。

袿の五衣のパターンは「かさねの色目」の配色。バリエーションで2パターン制作。風の匂いが漂うような季節感をふんだん取り入れた色合わせ（22ページ掲載、製図は23ページ）。

安土桃山時代の色

安土桃山時代は、織田信長や豊臣秀吉の豪華絢爛の金彩美、茶の湯での侘び寂びは中間色の色彩美と、対局の配色があるのが面白い時代です。安土桃山時代は約30年という短い期間ですが、海外との貿易もあり華麗な文化が花開きました。

桃山時代の金彩美のイメージで初めて金色を使った配色にチャレンジ。金色はポイント使いをすることで、全体の程よいアクセントに（舞妓さんAは13ページ掲載、製図は15ページ。白狐面は19ページ掲載、製図は20ページ）。

江戸時代の色

江戸時代、幕府は何度も庶民の贅沢を律する奢侈禁止令を発令しました。歌舞伎が全盛を極め、町人文化が花開いていた時代、あでやかな着物を着ることを禁じられ、素材や色に到るまで制限され、質素な暮らしを強いられた人たちは、禁欲的な状況を逆手に取って、制限の中でいかに粋を楽しむかを競いました。素材は麻や綿、色は茶色、鼠色、藍色のみという制限の中、「四十八茶百鼠」が流行したのです。四十八茶百鼠の四十八や百は色数ではなく多色という意味。華やかではないけれど、粋で洗練された微妙な色合いと色名が多く生まれたのです。四十八茶の茶色は、明度や彩度が低い茶系がメインで、青緑っぽい「御召茶」、茶色がかった黄緑の「梅幸茶」など、豊かなバリエーションがあります。百鼠の灰色もバリエーション豊富で、赤みのある「梅鼠、小豆鼠、紅鼠」や、青緑っぽい「深川鼠」、緑がかった「利休鼠」など、茶色も灰色も落ち着いた色調の繊細な色彩がいくつも生まれました。歌舞伎役者は当時のファッションリーダーでした。役者が身に付けた色は大流行し、団十郎茶・芝翫茶・路考茶・梅幸茶・璃寛茶と役者の名前が付く色も多く生まれました。

四十八茶百鼠と藍色で配色。四角形の幾何学だけの構成は、色彩のバリエーションを見せるのにぴったり。柄を組み合わせることで、ポップな印象に（34・35ページ掲載、製図は36ページ）。

67

ことわざ
Idioms

犬に論語
Wasting one's breath

壁に耳あり障子に目あり
The walls have ears

縁の下の力持ち
Unsung hero

口は災の元
Out of the mouth comes evil

鴨がネギを背負ってくる
Along comes a sucker just begging to be parted from his money

猫の手も借りたい
Lend me a hand

ことわざ | Idioms

犬に論語
Wasting one's breath

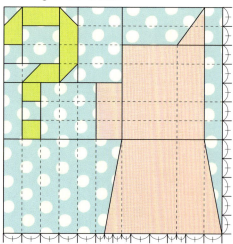

壁に耳あり障子に目あり
The walls have ears

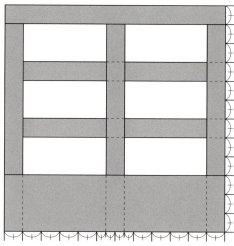

縁の下の力持ち
Unsung hero

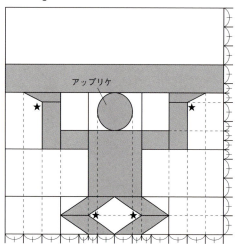

口は災の元
Out of the mouth comes evil

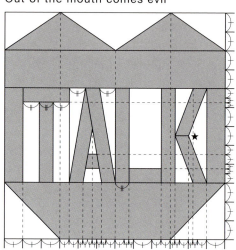

鴨がネギを背負ってくる
Along comes a sucker just begging to be parted from his money

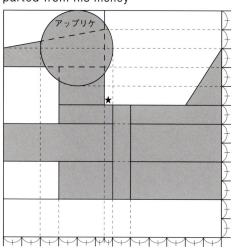

猫の手も借りたい
Lend me a hand

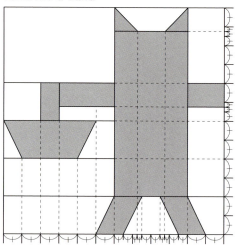

猫に小判
Cats will never understand money

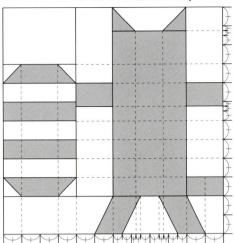

五十歩百歩
The pot calling the kettle black

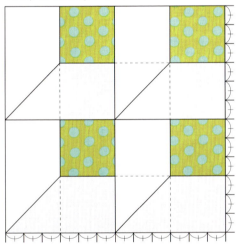

花より団子
Pudding rather than praise

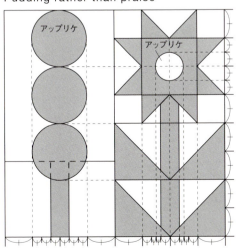

鳩に豆鉄砲
Deer caught in the headlights

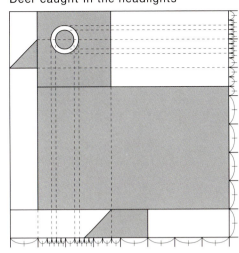

塵も積もれば山となる
Little and often fills the purse

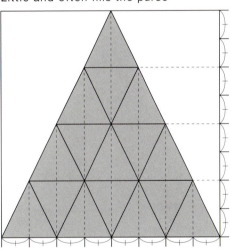

へそで茶を沸かす
Pigs might fly

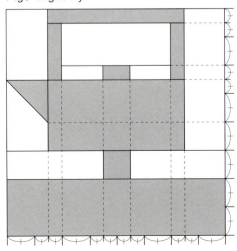

ことわざ ‖ Idioms

ことわざ ‖ Idioms

猫に鰹節
Using the wolf to guard the sheep

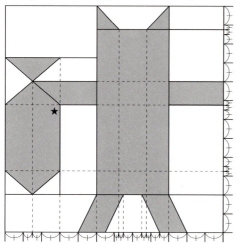

鶴の一声
The word from up top

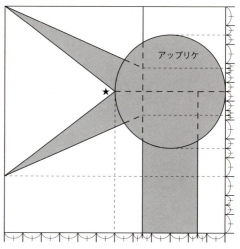

急がば回れ
Make haste slowly

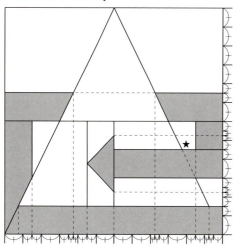

魚心あれば水心
Scratch my back and I'll scratch yours

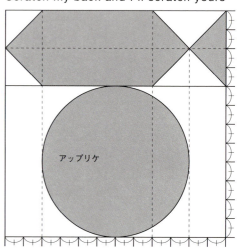

枯木に花が咲く
A flower blossoms on the tree which has grown old

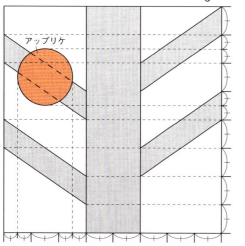

雪と墨
Light and shadow

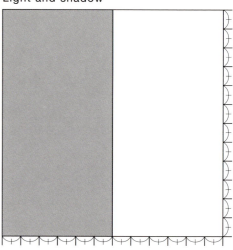

猫を追うより魚をのけよ
Rather than chase the cat, take away the fish

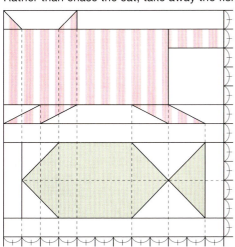

犬が西向きゃ尾は東
As the crow flies

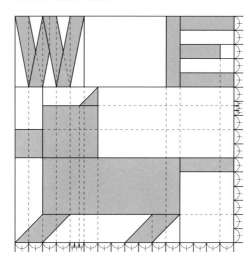

ことわざ ‖ Idioms

一寸先は闇
No-one knows what happens in the future

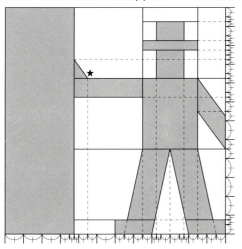

氷山の一角
Tip of the iceberg

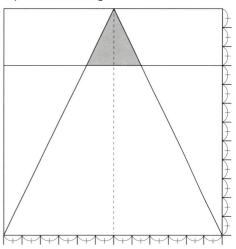

二兎を追うものは一兎も得ず
If you chase two rabbits, you will not catch either

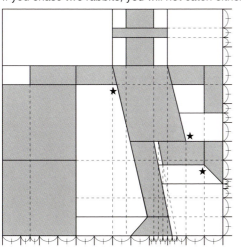

目の上のたんこぶ
Every rose has its thorn

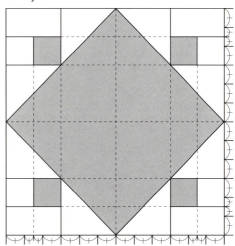

73

ことわざ ‖ Idioms

猫をかぶる
A wolf in sheep's clothing

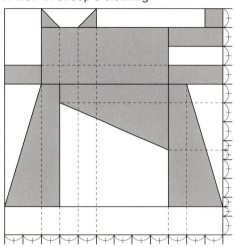

袋の中のネズミ
Like a rat in a trap

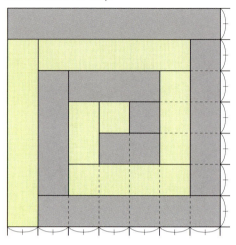

臭いものにフタをする
Sweep it under the rug

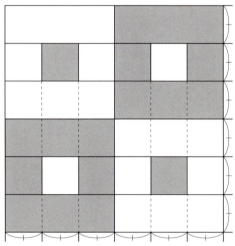

無い袖は振れない
The Emperor wears no clothes

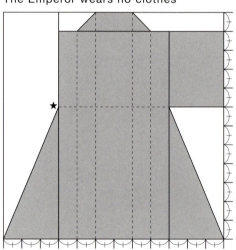

娘一人に婿八人
Many people want to do the same thing

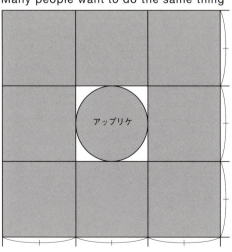

会うは別れの始め
The best of friends must part

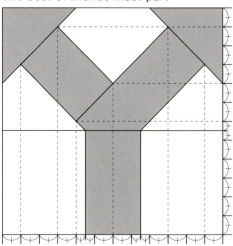

ことわざ ∥ Idioms

窮鼠猫を嚙む
A baited cat may grow as fierce as a lion

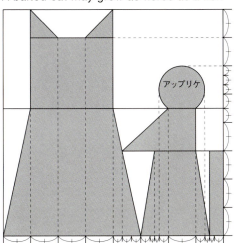

犬も歩けば棒に当たる
Like a dog with a bone

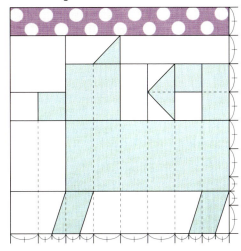

四面楚歌
Being surrounded by enemies on all sides

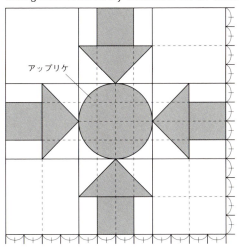

長いものに巻かれる
If you can't beat them, join them

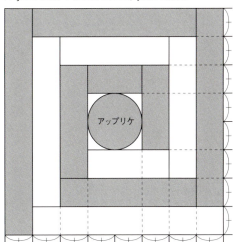

雨だれ石をも打つ
Water drops will wear away even a stone

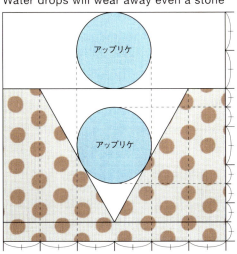

豚に真珠
Do not cast pearls before swine

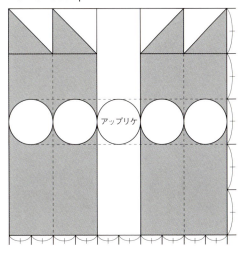

茶道・華道・香道

Tea ceremony,
flower arrangement and
burning incense

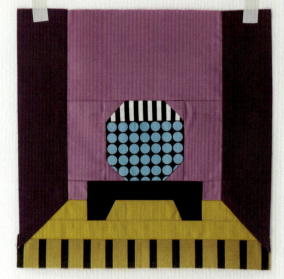

床の間に香炉
Alcove incensory

抹茶茶碗 織部焼
Oribe ware green tea cup

和菓子
Japanese sweets

華道
Ikebana flower arrangement

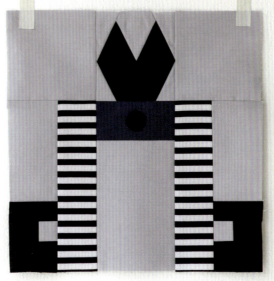

華道ばさみ わらび手
Warabite ikebana scissors

茶道・華道・香道

Tea ceremony, flower arrangement and burning incense

和菓子
Japanese sweets

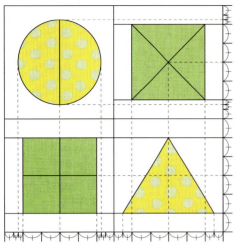

茶道
Tea ceremony

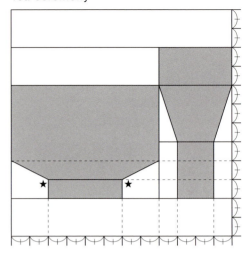

懐紙
Kaishi paper

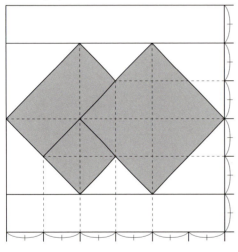

抹茶茶碗 織部焼
Oribe ware green tea cup

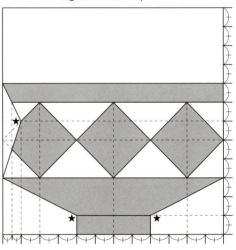

華道
Ikebana flower arrangement

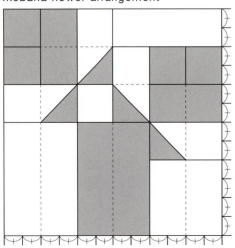

剣山
Spiked ikebana base

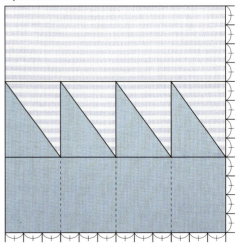

78

一輪挿し A
Single-flower vase - A

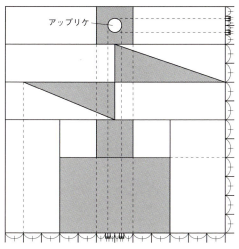

一輪挿し B
Single-flower vase - B

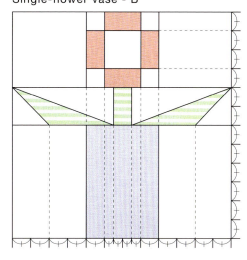

一輪挿し C
Single-flower vase - C

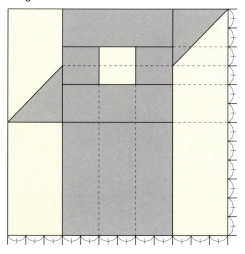

はさみ
Scissors

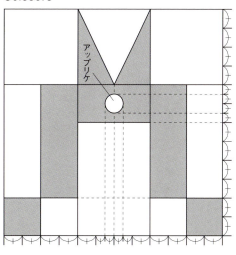

華道ばさみ つる手
Tsurute ikebana scissors

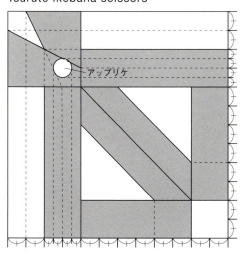

華道ばさみ わらび手
Warabite ikebana scissors

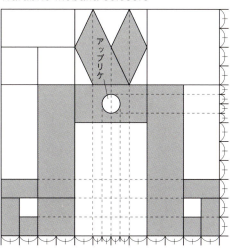

茶道・華道・香道 ‖ Tea ceremony, flower arrangement and burning incense

茶道・華道・香道 ‖ Tea ceremony, flower arrangement and burning incense

源氏香のバッグ

香木を焚いて香りを鑑賞する香道の楽しみ方のひとつ、源氏香。長方形の組み合わせからなるその図をパターンにし、モダンなバッグに仕立てました。
各33×27㎝

製図 ▶ p.82.83　作り方 ▶ p.165

茶道・華道・香道 | Tea ceremony, flower arrangement and burning incense

源氏香 柏木
Kashiwagi Genji incense figure

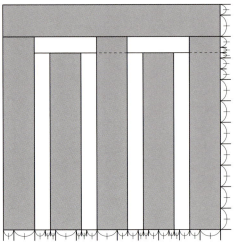

源氏香 賢木
Sakaki Genji incense figure

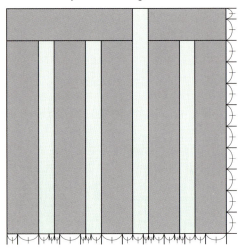

源氏香 浮舟
Ukifune Genji incense figure

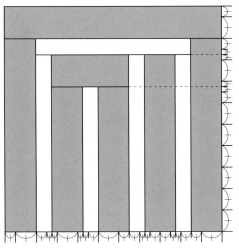

源氏香 蜻蛉
Kagerou Genji incense figure

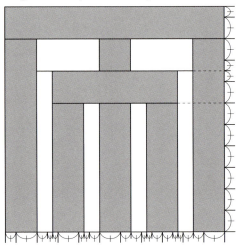

源氏香 紅葉賀
Momijinoga Genji incense figure

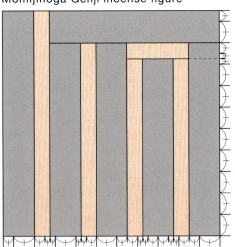

源氏香 花宴
Hananoen Genji incense figure

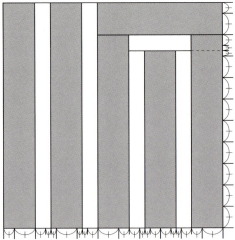

源氏香 明石
Akashi Genji incense figure

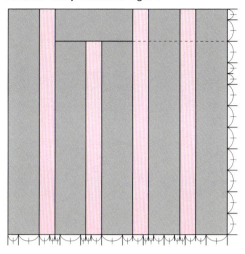

源氏香 花散里
Hanachirusato Genji incense figure

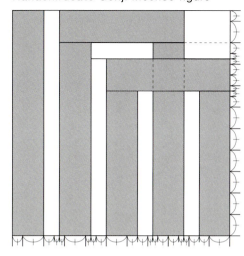

源氏香 行幸
Miyuki Genji incense figure

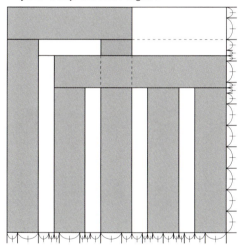

源氏香 夕霧
Yūgiri Genji incense figure

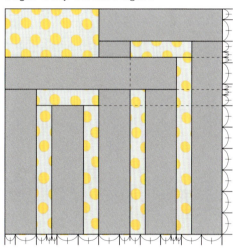

床の間に香炉
Alcove incensory

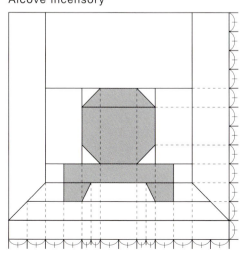

床の間に花
Alcove flower arrangement

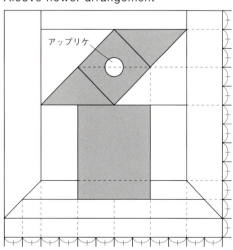

茶道・華道・香道 Tea ceremony, flower arrangement and burning incense

83

禅語 | Zen words

我逢人
The influence of those that come into your life

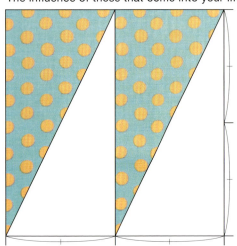

日々是好日
Every day is a good day

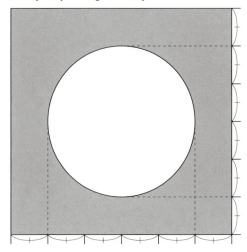

平常心是道
An ordinary mind is the way

回光返照
Return to light

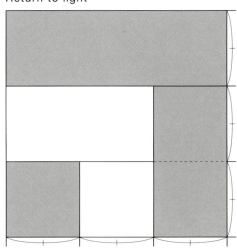

一行三昧
Practice and focus

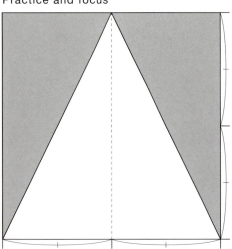

和敬清寂
Harmony, respect, purity and tranquility

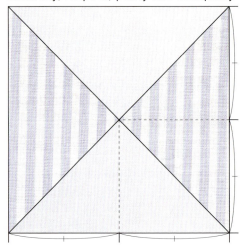

閑座聴松風
Empty your mind and listen the wind

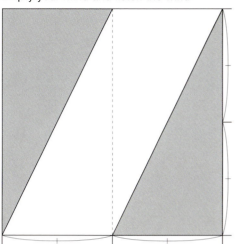

知足
Don't ask for more than you know

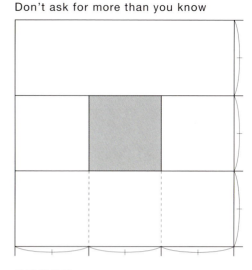

禅語 ‖ Zen words

且緩緩
Slow your pace

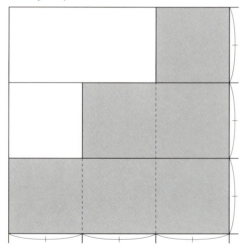

時時勤払拭
Everyday brush off the dust that makes your mind unclean

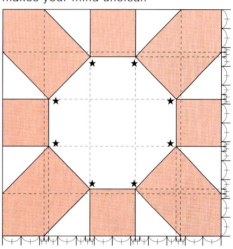

諸行無常
Everything is constantly changing

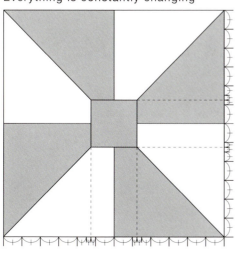

看却下
Look below

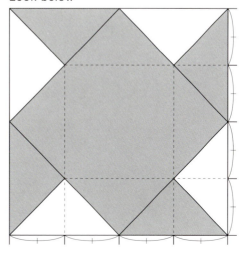

85

禅語 / Zen words

一期一会
You meet only once

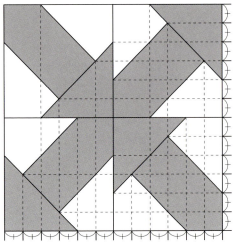

把手共行
Hand-in-hand

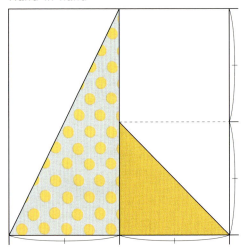

以心伝心
Tacit understanding

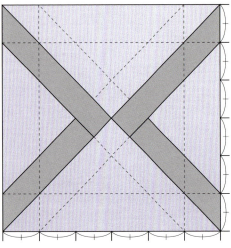

放下着
Let go your mind and live peacefully

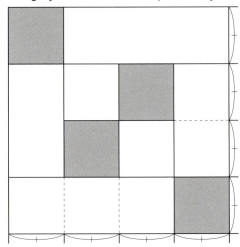

両忘
Lose your preconceptions

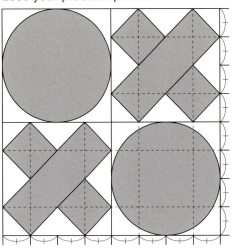

莫妄想
Live in the moment

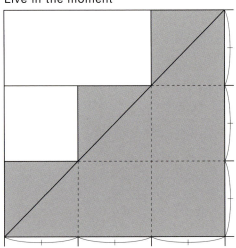

禅語 ‖ Zen words

明珠在掌
Your treasure is already in-hand

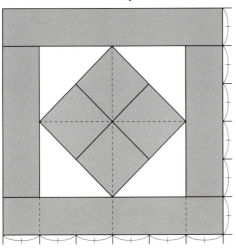

因果応報
What goes around comes around

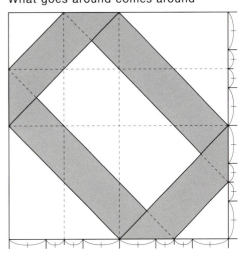

無一物中無尽蔵
Emptiness has potential

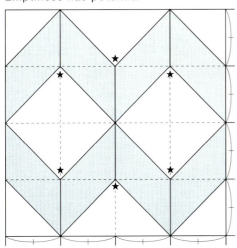

行雲流水
Act naturally

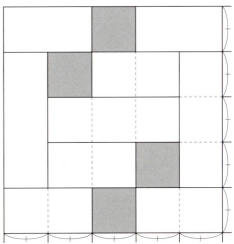

白馬入蘆花
Value difference

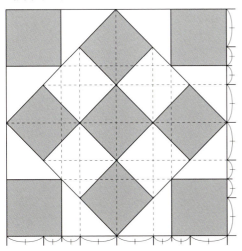

七転八起
The rise after the fall

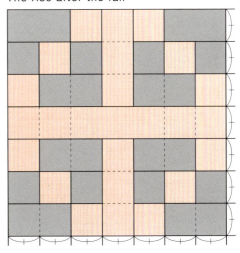

87

禅語

Zen words

禅語のタペストリー
9つの禅語をイメージしたパターンを配置したタペストリー。すっきりとした幾何学の組み合わせには、配色とキルティングは控えめでシンプルに。
28.4 × 28.4cm

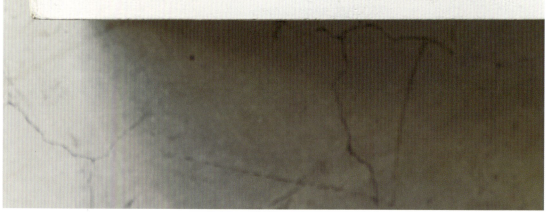

和模様

Japanese pattern

矢羽根のキルトトップ

矢の上部につける羽根を意味する矢羽根は、縁起のいいモチーフ。モノトーンのストライプやドットでまとめると、洒脱な印象に。
48 × 48cm

製図 ▶ p.90　作り方 ▶ p.166

和模様 ‖ Japanese pattern

矢羽根
Arrow feather

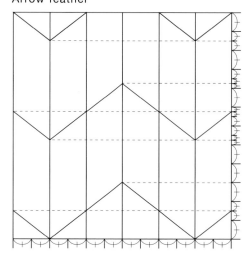

分銅繋ぎ
Counterweight

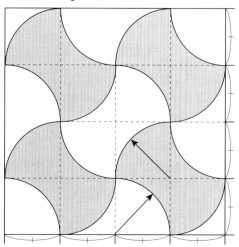

麻の葉
Hemp leaves

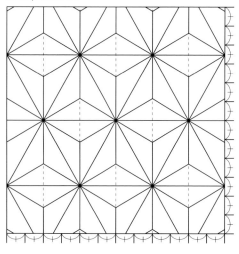

角麻の葉
Square hemp leaves

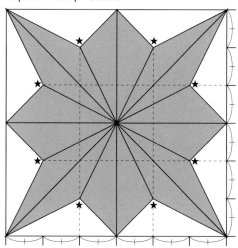

青海波
Blue ocean waves

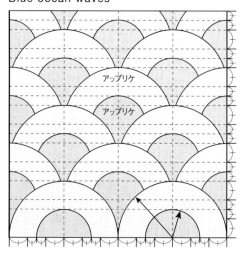

七宝
Seven treasures

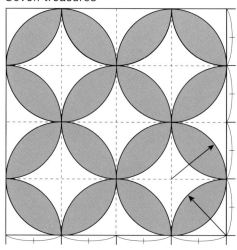

90

一の字繋ぎ
Brickwork pattern

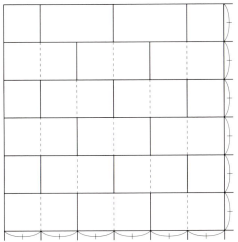

鱗
Fishscale

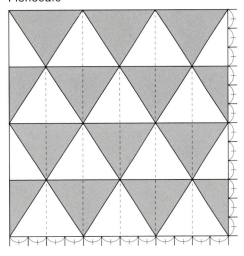

算木崩し
Step and repeat three-stripe pattern

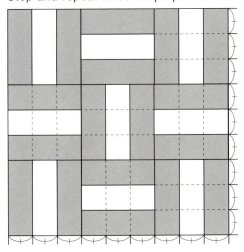

紅葉
Maple

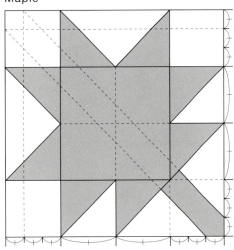

朝顔
Morning Glory

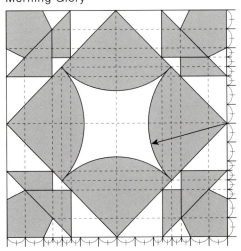

椿三輪
Three Camellias

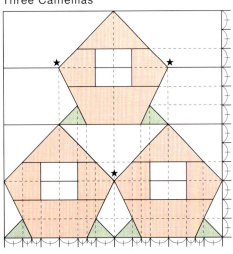

和模様 Japanese pattern

和模様 ≡ Japanese pattern

梅
Plum

蜻蛉
Dragonfly

蝶
Butterfly

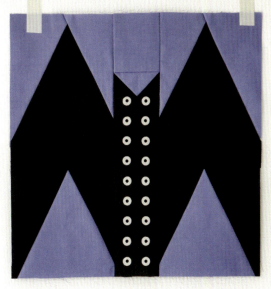

蝙蝠
Bat

椿
Camellia

四弁桜
Four-petalled cherry blossom

製図 ▶ p.94

和模様 ‖ Japanese pattern

梅
Plum

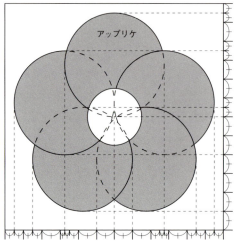

椿
Camellia

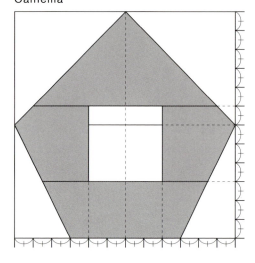

蜻蛉
Dragonfly

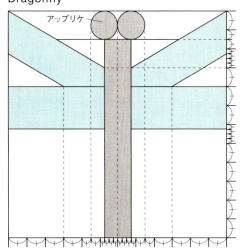

蝶
Butterfly

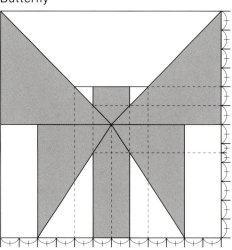

蝙蝠
Bat

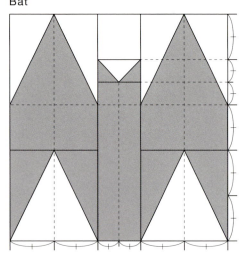

四弁桜
Four-petalled cherry blossom

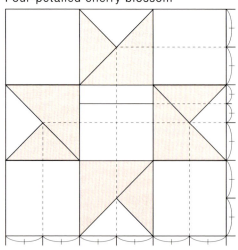

94

燕
Swallow

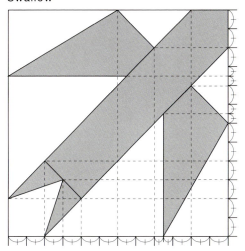

真向き兎
Rabbit looking forward

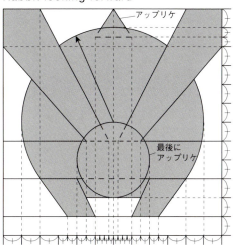

金魚
Goldfish

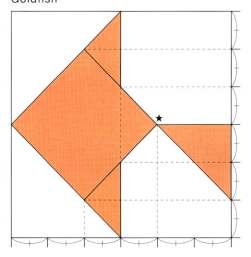

福良雀
Good luck sparrow

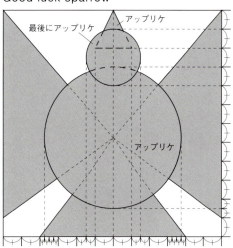

松
Pine

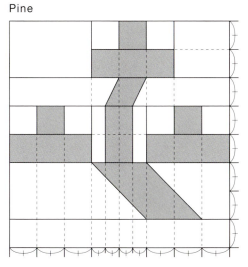

竹
Bamboo

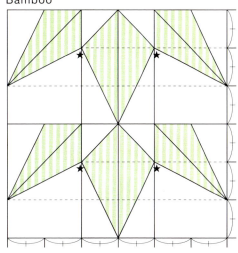

和模様 ≡ Japanese pattern

和模様 / Japanese pattern

籠目 / Wickerwork

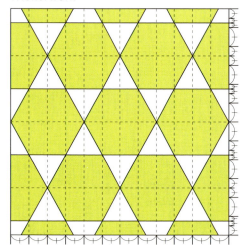

桧垣・網代 / Wickerwork fence

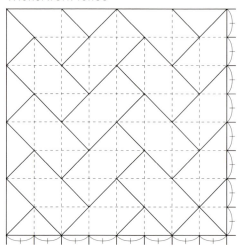

小六染 / Diagonal striped Koroku-dyeing

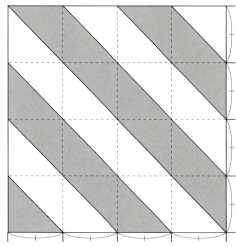

十字絣 / Kasuri cross

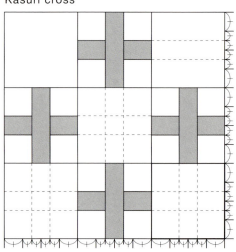

市松 / Checkered

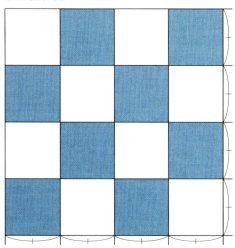

亀甲繋ぎ / Tortoiseshell

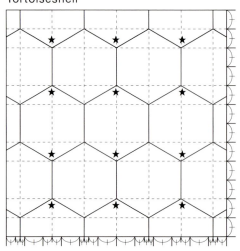

だんだら縞
Stepped stripes

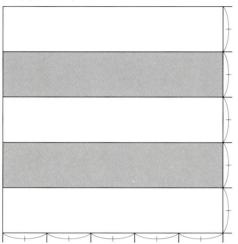

子持ち縞（親子縞）
Parent-and-child stripes

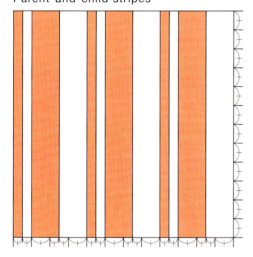

童子格子
Wide lattice with thin linework

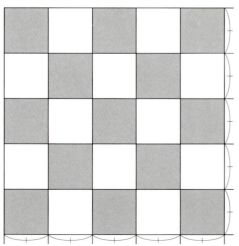

金通縞（二筋縞）
Repeating double wide stripes

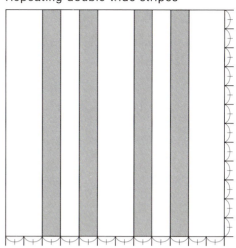

高麗屋格子
Alternating thick and thin lattice

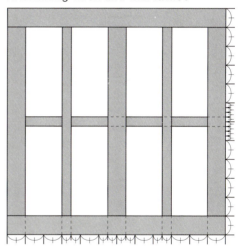

千鳥格子
Houndstooth check

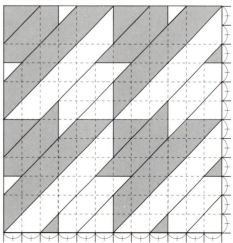

和模様 = Japanese pattern

伝統家紋
Traditional family crest

家紋のコースター

伝統的な10種類の家紋をパターンにしたコースター。それぞれ2色でまとめ、生活にも馴染むモダンデザインに。
各 10 × 10 cm

製図 ▶ p.100.101　作り方 ▶ p.168

伝統家紋 / Traditional family crest

重ね菱
Layered diamonds

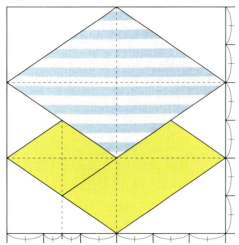

算木
Counting rods

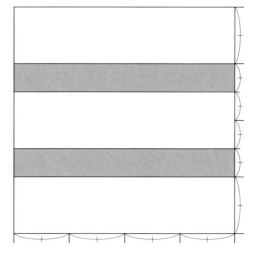

六つ鱗
Six fish scales

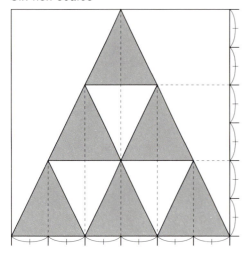

枡形に月
Moon in box

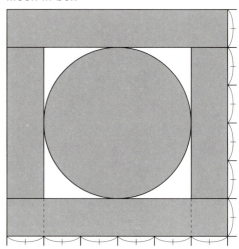

丹羽直違紋
Stretched cross mark

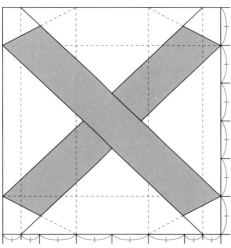

三つ星に一つ引き
Three stars and bar

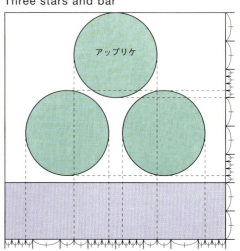

合子に箸
Bowl and chopsticks

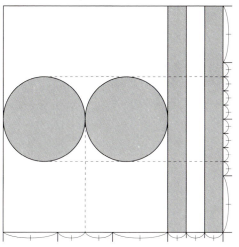

井筒
Well walls

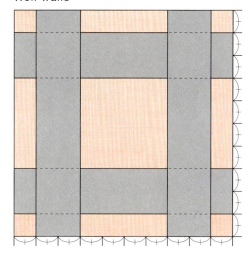

一つ糸巻
Thread spool

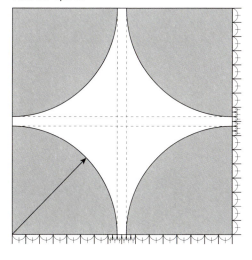

的角
Cornered target

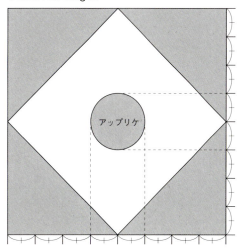

並び扇
Lined fans

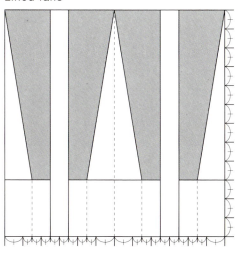

三段梯子
Three-step ladder

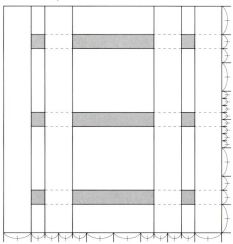

伝統家紋 ‖ Traditional family crest

伝統家紋 Traditional family crest

四つ割り菱
Quarter diamond

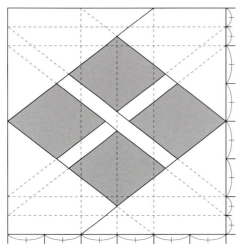

七つ繋ぎ鱗
Seven fish scales

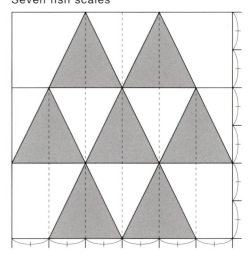

四つ目紋
Four eyes

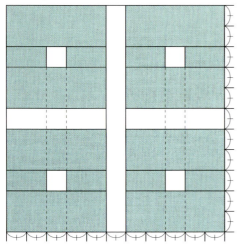

月に水
Water on the moon

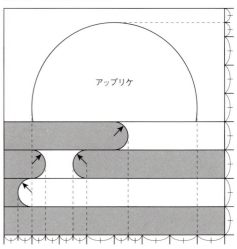

三つ並び立鼓
Three drums

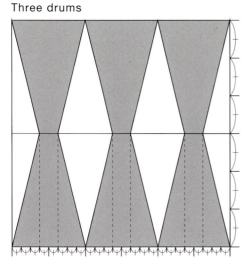

和ばさみ
Japanese scissors

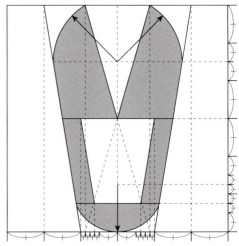

祝い熨斗
Celebratory gift wrapping decoration

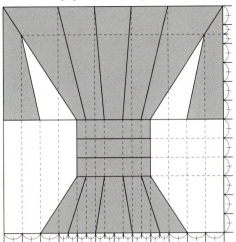

上下向かい蜂
Mirrored bees

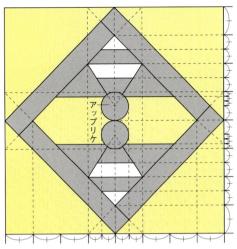

椿と四つ葉七宝
Camellia and four leaves

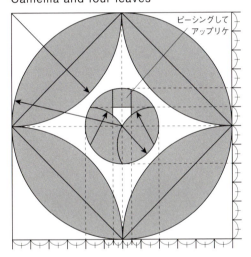

釘と釘抜き
Nails and nail puller

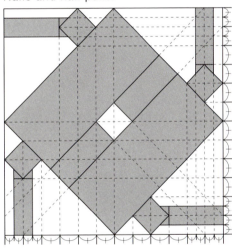

田に蜻蛉の重ね平角
Dragonfly in square and cross with layered straight bars

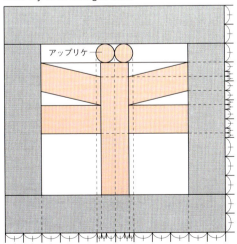

魔除け鈴
Apotropaic charm

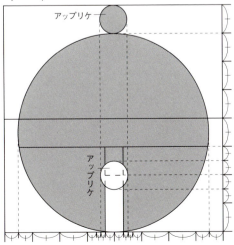

現代家紋 ═ Modern family crest

現代家紋 ‖ Modern family crest

丸輪蝙蝠
Circular bat

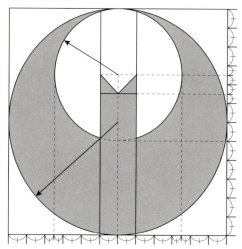

隅切り角に的
Target in cut-cornered square

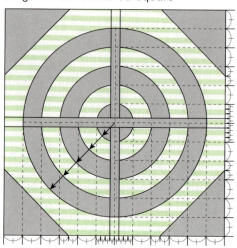

串団子
Skewered sweet dumplings

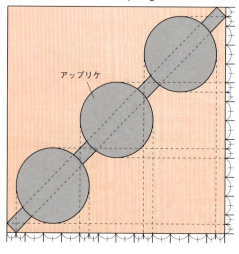

疾走卍菱
Fylfot diamond sprint

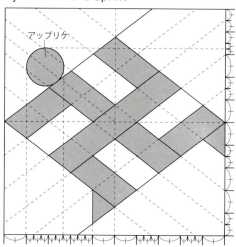

六つ鱗花
Flower of six fish scales

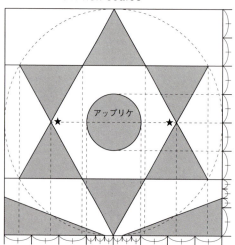

六角親子亀
Hexagonal parent-and-child turtles

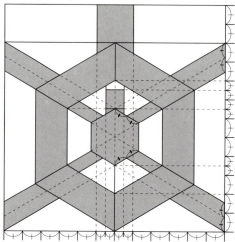

害鳥丸輪雀
Harmful circle sparrow

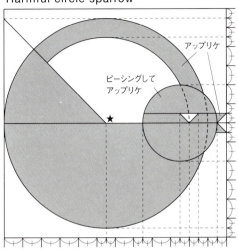

雁木角に飛ぶ鳥
Flying birds in octagonal star

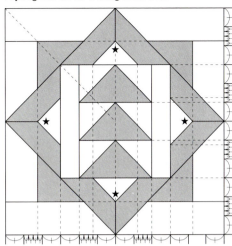

月待ち兎
Rabbit waiting for the moon

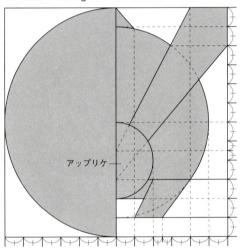

子育て福良雀
Parenting good luck sparrow

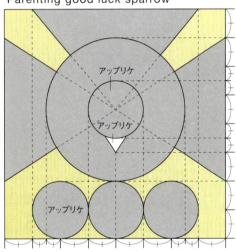

枡に枡かき＝１％
Sake box and bar equal 1%

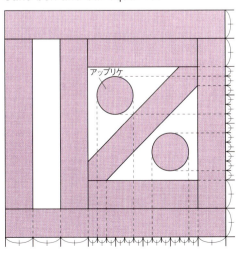

雪輪に初冠雪
First snow on mountain in snow flake

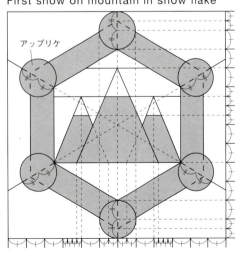

現代家紋 ‖ Modern family crest

105

現代家紋
Modern family crest

現代家紋のパネル

6つの現代家紋のパターンをパネルに仕立てました。ユニークなデザインは無地のみで配色し、かっこよく印象的に。インテリアのアクセントになりそうです。
各30×30cm

製図 ▶ p.108　作り方 ▶ p.170

現代家紋 ‖ Modern family crest

隅切り角にクリーニング表示
Cleaning registration guide

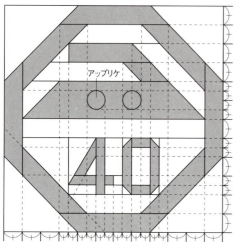

隅切り角に逆さ富士
Reflected Mount Fuji in cut-cornered square

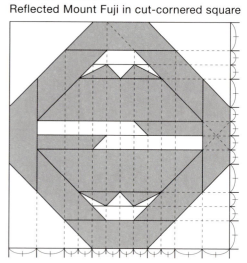

避難梯子
Escape ladder

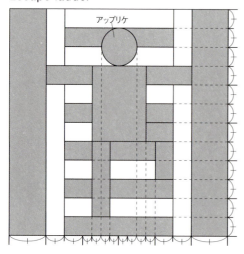

鶴庵
Crane hut

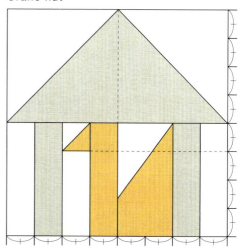

平角に月持ち割り杉
Spliced cedar with moon in layered straight bars

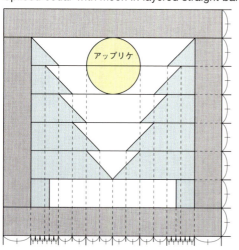

餅つき向かい兎
Mirrored rice cake-pounding rabbits

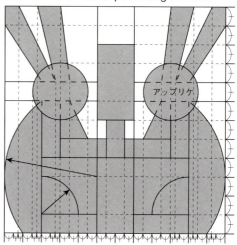

隅切り角にバツとマル
Circle and cross in cut-cornered square

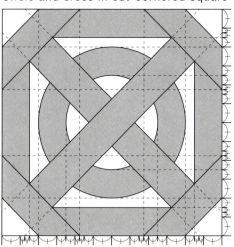

隅切り角にパンダ
Panda in cut-cornered square

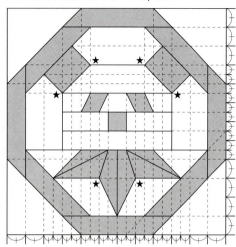

隅切り角に背紋
Family crest-on-kimono in cut-cornered square

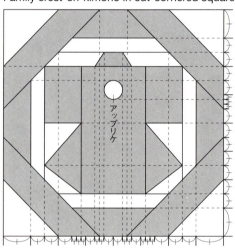

平角に三目並べ
Tic-Tac-Toe in layered straight bars

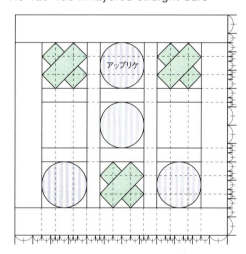

平角に六花銭
Six flower-shaped coins in layered straight bars

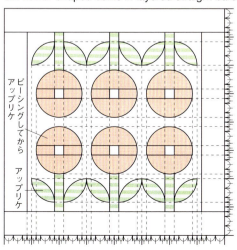

六角のぞき兎
Peeping rabbit in hexagon

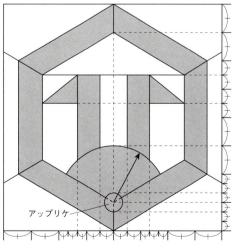

現代家紋 = Modern family crest

※六角形の描き方は 110 ページ参照。　**109**

コラム 3

パターンデザインのこと

パターンのデザインは難しい面も多々ありますが、思い描いたデザインが出来た時の喜びはひとしおです。ここでは私のパターンデザインの工程を作品を例に紹介します。

パターンデザインの過程でいつも悩むのが、どこまでを削ぎ落とすか、縫いやすいようにするかです。好きなパターンはぎりぎりまで削ぎ落とした円、三角形、四角形で構成された幾何学的なデザイン。シンプルなものを好む傾向があるので、具象デザインはどの部分を誇張したら「らしく」見えるのか、デッサンを何枚もする場合があります。

パターンデザインの描き方

①パターンのモチーフとタイトルを決めます。正しい形を把握出来ているか、形の他に意味なども細かく下調べしておくと描きやすくなります。

②方眼用紙にパターンの枠を描き、等分割線を決めます。パターンのサイズは一部例外はありますが、私の場合は基本は24×24cm、2と3で割れる数字で等分割線を決めます。等分割でデザインされたパターンは安定感があり美しいです。

③方眼用紙の24×24cmの中に柔らかな2Bの鉛筆を使ってデッサンします。パターンのバランスを見ながらのデッサン、まだ定規は使いません。デッサンのときのポイントは、イラストを描くのではなく、パッチワークパターンを描く、描く線は縫い線であることを意識します。その縫い線は複雑ではなく、縫いやすいシンプルな線であることが大事です。

④基本は縦か横分割、または斜め分割など、縫いやすい分割線を修正しながら整えていきます。抽象はもちろん具象のパターンも円、三角形、四角形の図形の構成を基本に、シンプルな線で結ばれた面が相似形や合同形だと、よりすっきりとした美しいパターンになります。

⑤仕上げは、なるべくはめ込みにならないように、縫いやすい線か再確認しながら、少し硬いHの鉛筆で定規とコンパスを使って製図をし、完成です。

おまけ

六角形の描き方

本書でもいくつかのパターンに登場する六角形。等分割線だけで正六角形を描くのは難しいので、コンパスを使って描きます。描き方を覚えておくと、パターンデザインをする際の幅も広がります。

①中心線を引く。
②中心点(O)から円を描く。
③①と②の交点(A・B)を中心に円を描く。
④6つの交点(A〜F)を直線で結ぶ。

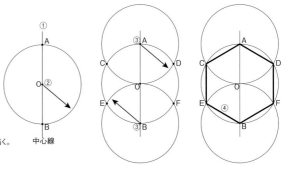

「助六の隈取り」のパターンデザイン

12ページの「助六の隈取り」のパターンは何枚もデッサンしてやっと決まったパターンです。歌舞伎はにわかファンで、「助六」は紫の鉢巻をした江戸一番の伊達男、仇討ちなどの浅い知識だけでした。デッサンに入る前に下調べをして、隈取りは「むきみぐま」と呼ばれ、若者の色気を表現したものだと知りました。隈取りの赤は正義、青は悪、茶色は妖怪や人間以外のものに色分けされてます。隈取りの口は口角を下げて「へ」の字に、眉から目頭までの分割ラインの角度が難しく、最終的に一番縫いやすい直線ラインに決定しました。果てさて「助六」の色男ぶりが表現出来ているでしょうか。

※実際は手描きのデッサンですが、今回はわかりやすいようにイラストにしています。

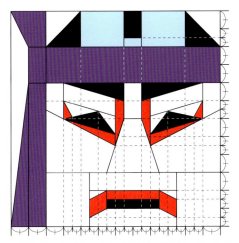

一番初めのデザイン。きりりと目がつり上がっているイメージで、口元も上とのバランスを考えたラインに。隈取りの位置が微妙に決まらず、そこが思案のしどころ。色を入れてイメージを膨らませ、描き直してみる。

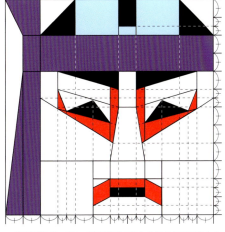

つぎのデザインでは、目を強調するためにあえて口を小さくしてみる。また鼻と口のラインを結んでみたが、そうすると鼻が少し華奢に見えてしまった。隈取りのラインも縫い線として意識するともう少しすっきりさせたい。

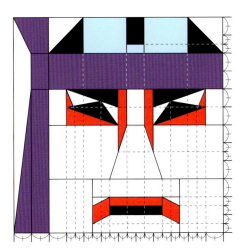

口は初めのデザインに戻す。目頭から眉毛まで、あえて紅を縦に入れた。助六の若々しい正義感の強いイメージが縫いやすい線で忠実に再現出来た。目の周辺を極限までシンプルにしたことで、助六の持つ色気も引き出せた。

完成のパターンを縫ったもの。無地を使い、色を忠実に配色。バックの色は、互いの色を引き立たせる効果のある鉢巻の紫の反対色の黄色を使用。実際に布で縫ってみると、舞台の上で見得切っている時のような表情が出せた。

文字
(カタカナ、漢字ほか)

Typographic characters
(katakana, kanji, et al)

カタカナのキルトトップ
三角形がポイントのカタカナフォントのキルトトップ。
アクセントで入れたドットが楽しい形を引き立てます。
89×69㎝

katakana 1

112

katakana 1

文字 ∥ Typographic characters

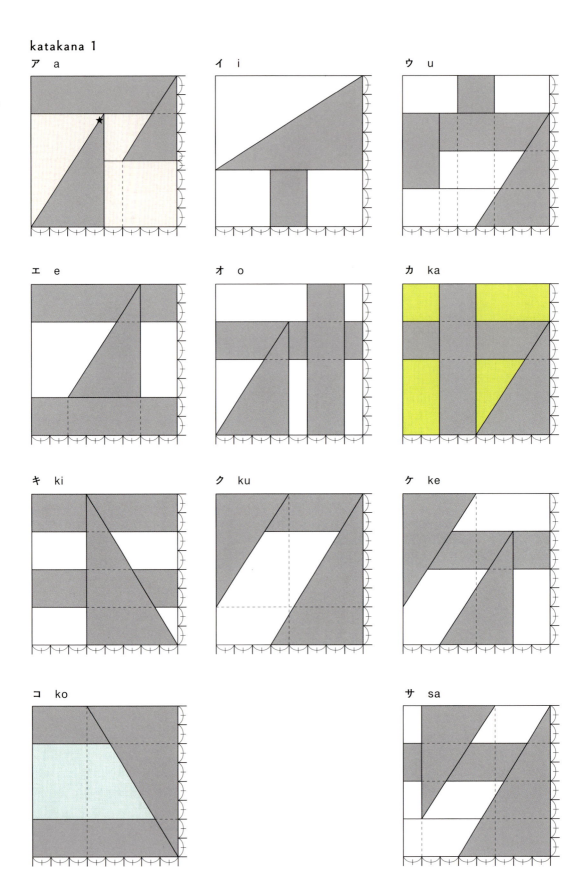

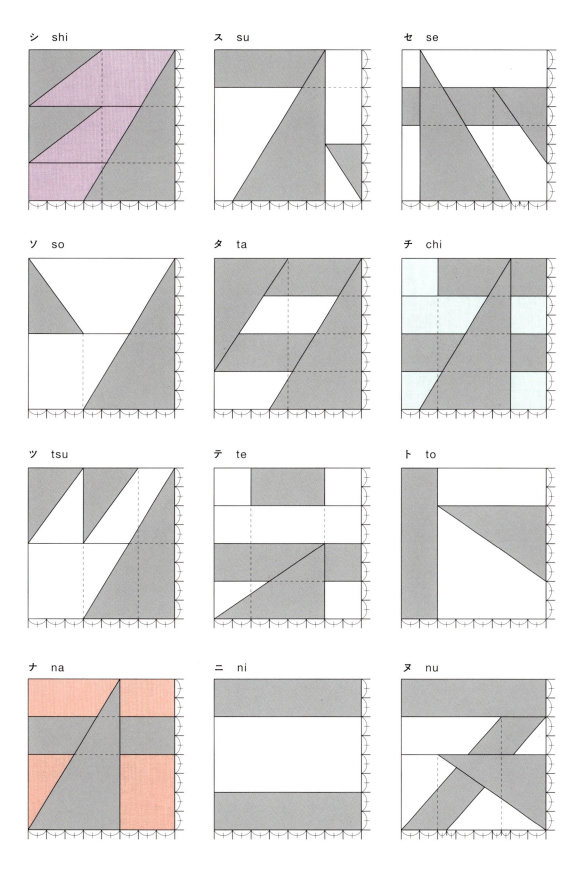

文字 | Typographic characters

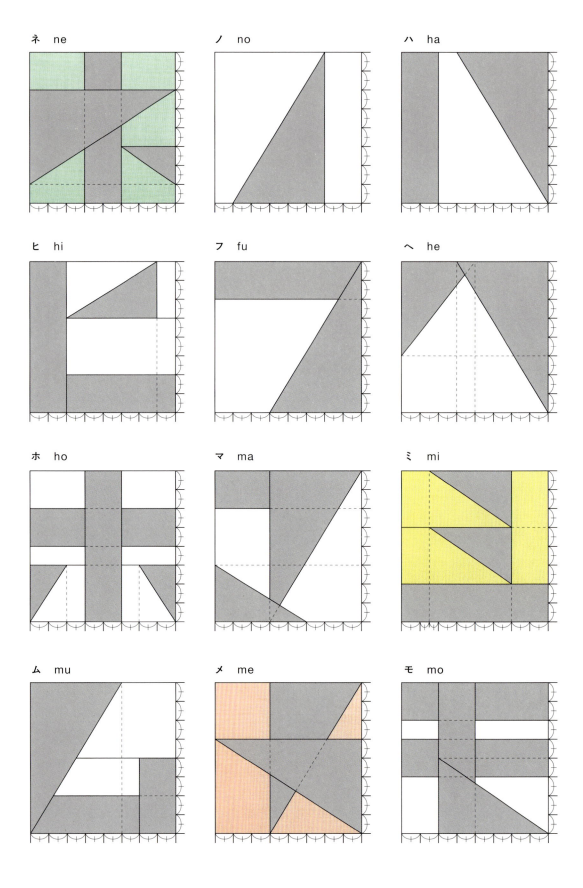

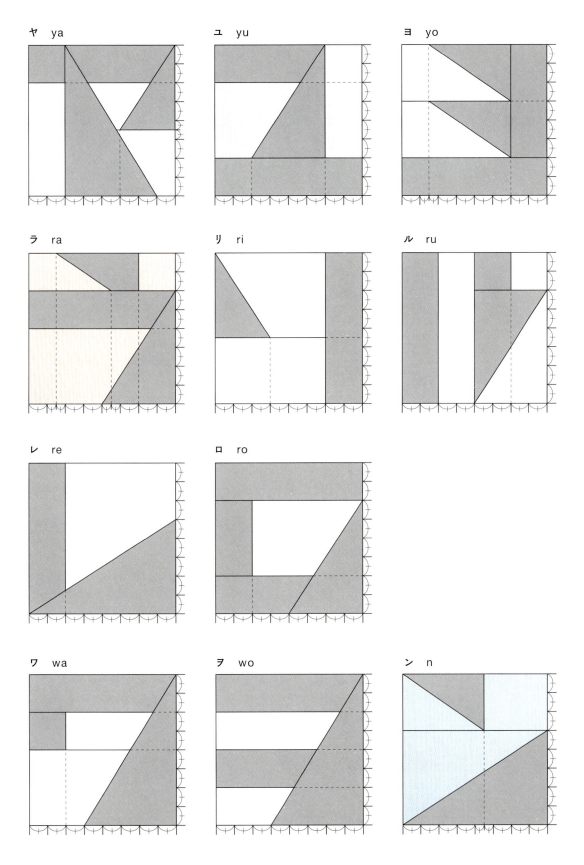

文字 ∥ Typographic characters

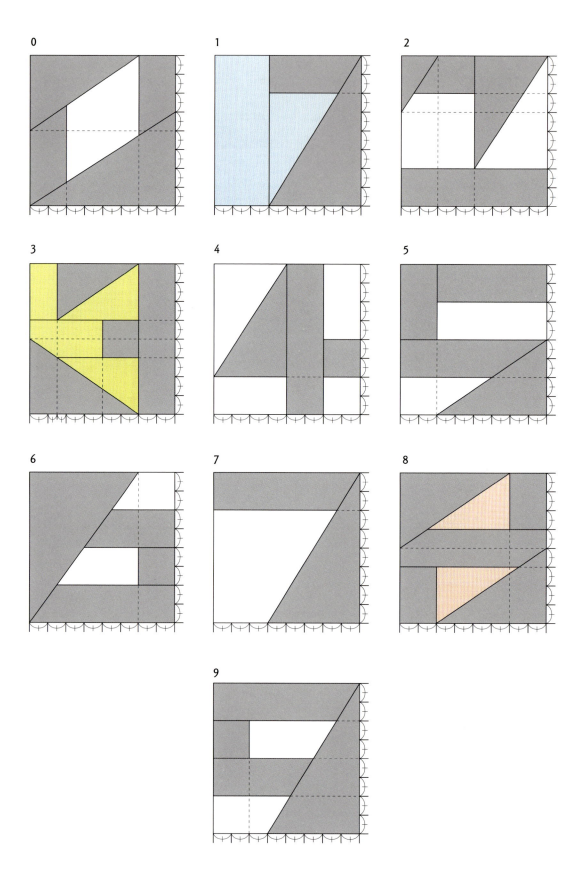

118

katakana 2

ア a
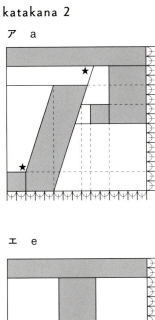

イ i
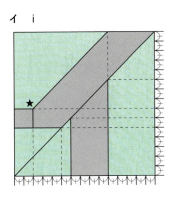

ウ u
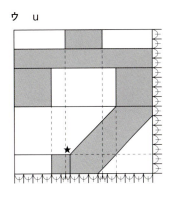

エ e
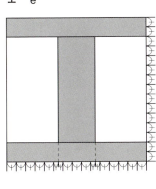

オ o
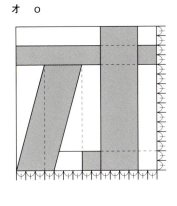

カ ka
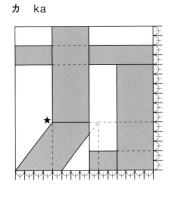

キ ki
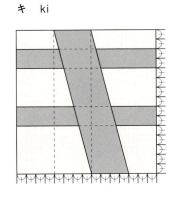

ク ku
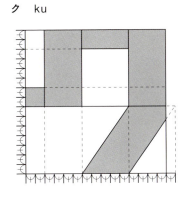

ケ ke
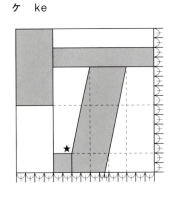

コ ko
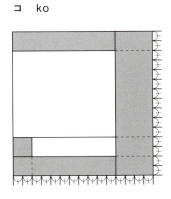

サ sa
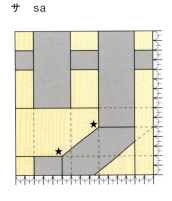

文字 ‖ Typographic characters

文字 ‖ Typographic characters

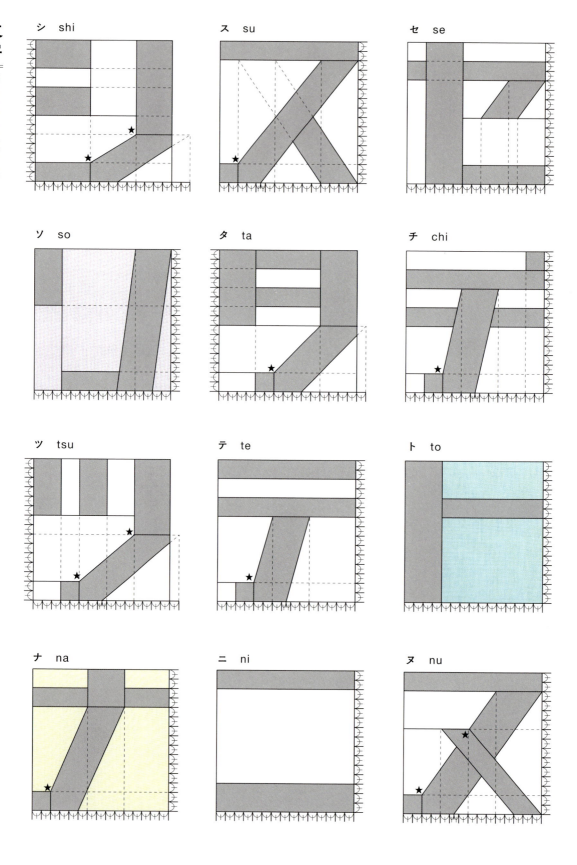

120

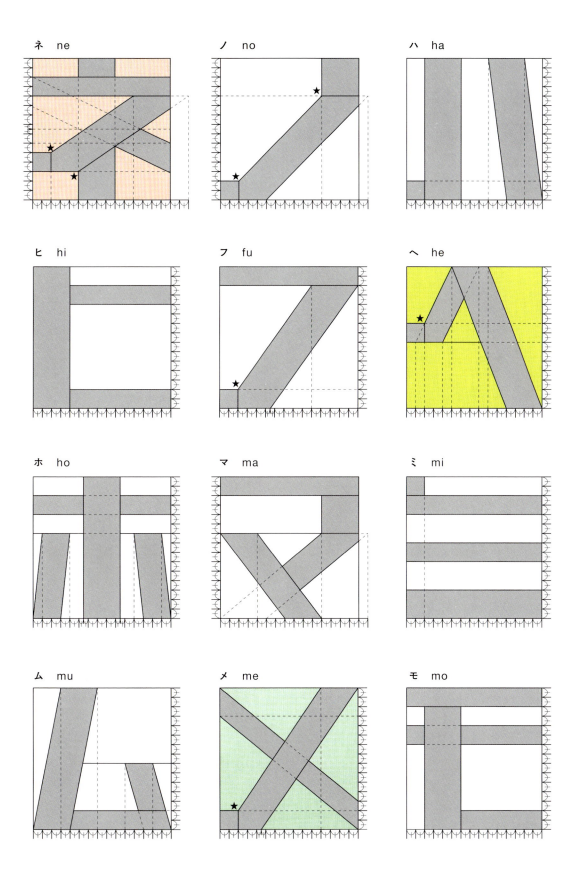
文字 Typographic characters

文字 ‖ Typographic characters

カタカナのポケット
読みやすいカクカクとしたデザインのカタカナパターンをポケットにしました。カラフルな配色で遊び心をプラスして。
各 7.5 × 7.5 ㎝

katakana 2

製図 ▶ p.119　作り方 ▶ p.169

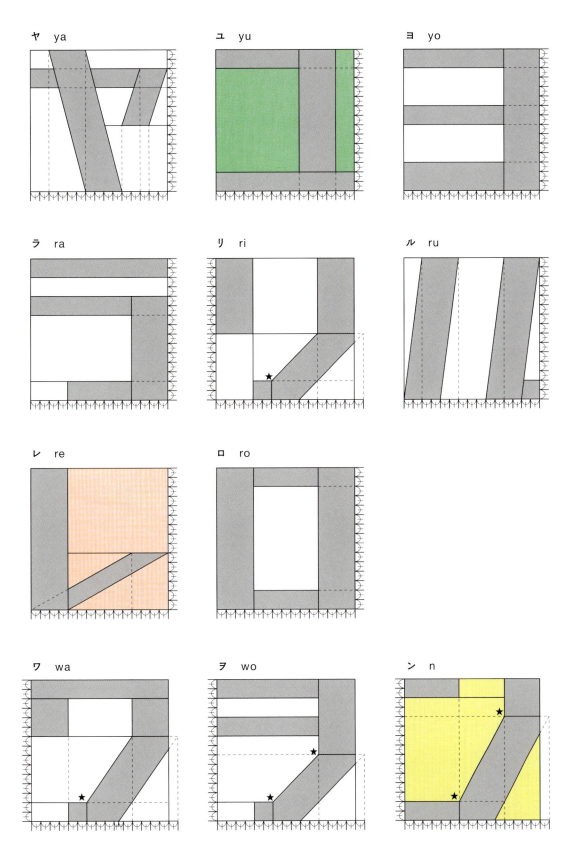

文字 ‖ Typographic characters

0
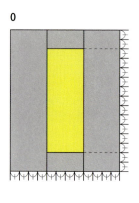

1
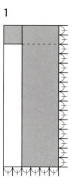

2
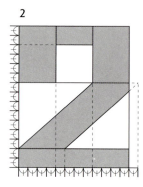

3
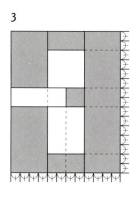

4
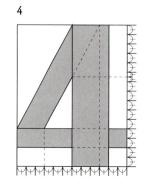

5
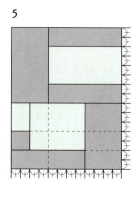

6
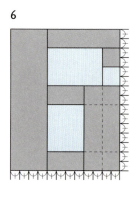

7
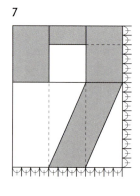

8
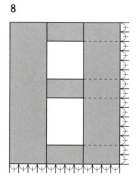

9
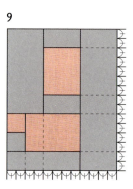

124

katakana 3

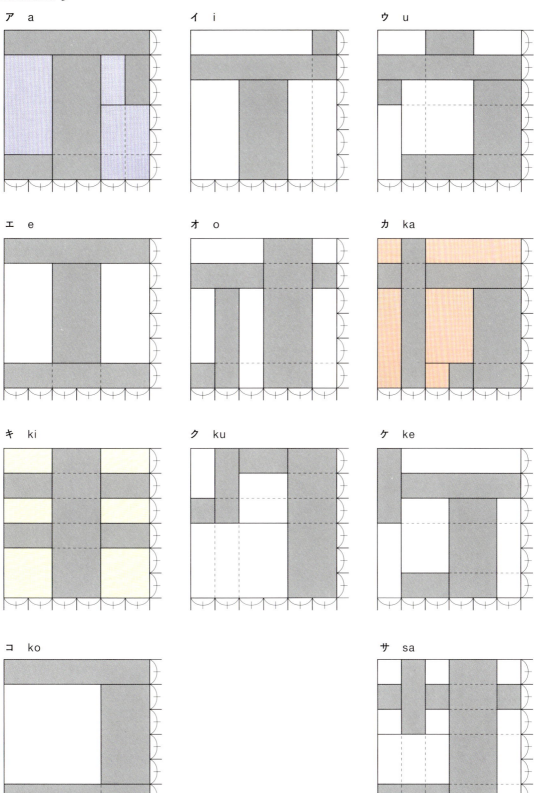

文字 ‖ Typographic characters

文字 ‖ Typographic characters

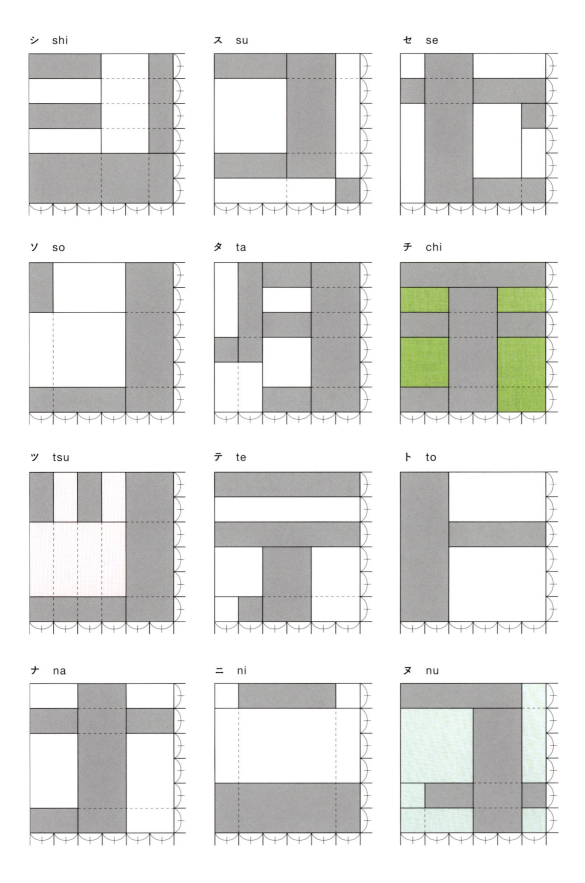

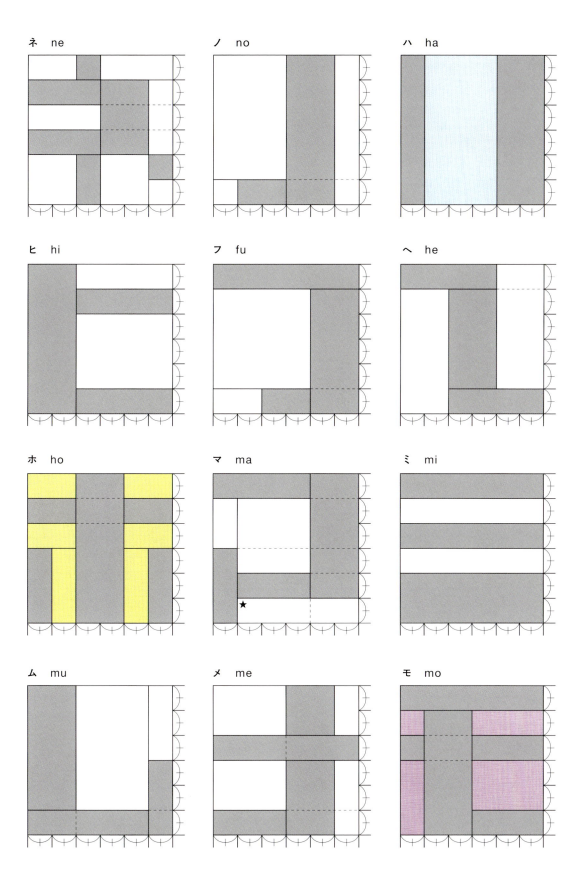

文字 ‖ Typographic characters

katakana 3

カタカナのがま口ポーチ
四角形だけで構成された1文字でも印象的なカタカナフォントはがま口ポーチに。柄プリントを効かせてポップに仕上げます。
大 18.8×11㎝　小 11.3×11㎝

文字 ≡ Typographic characters

製図 ▶ p.125-131　作り方 ▶ p.172

文字 | Typographic characters

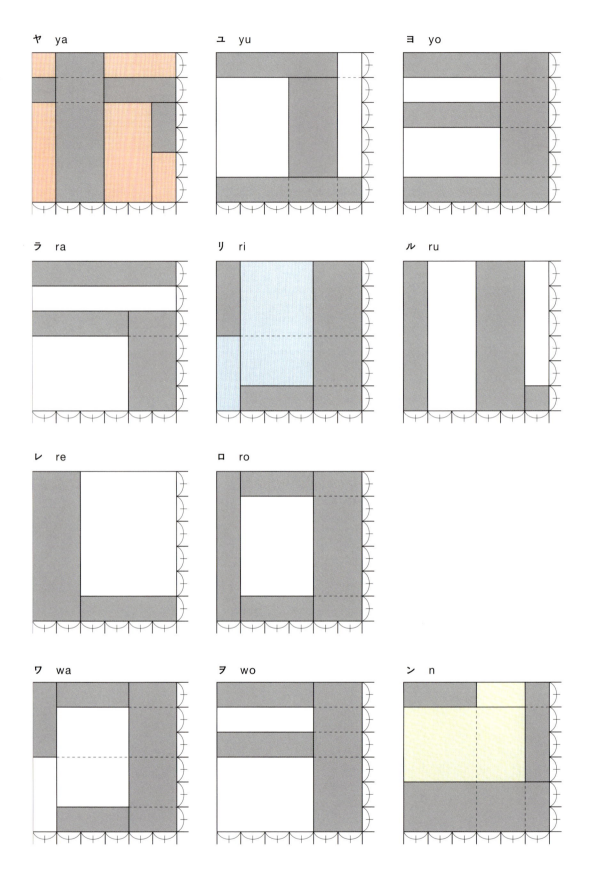

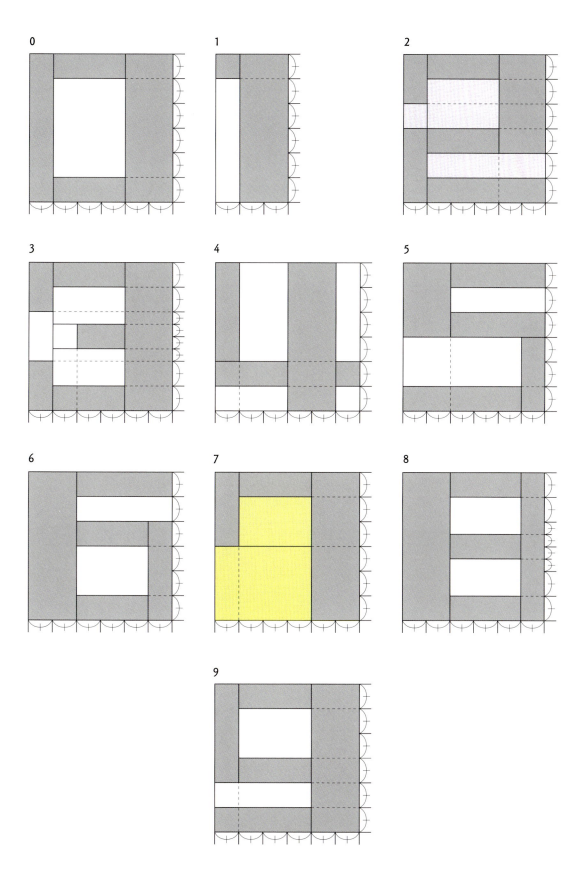

文字 ǁ Typographic characters

文字
Typographic characters

カタカナのピンクッション
それぞれの文字をイメージした配色がかわいいカタカナピンクッション。強い柄同士の組み合わせもピンクッションなら楽しめます。
各 10.5 × 10.5 cm

katakana 4

katakana 4

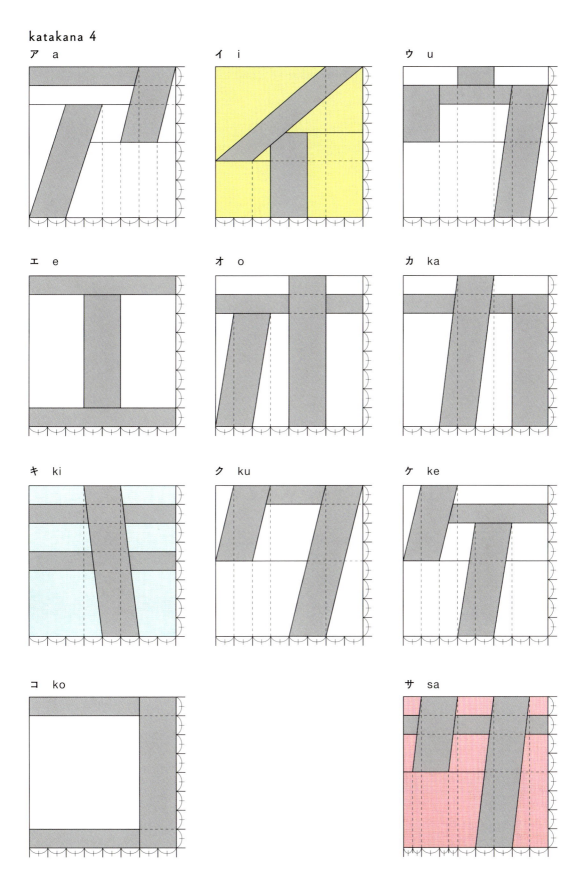

文字 ‖ Typographic characters

133

文字 ∥ Typographic characters

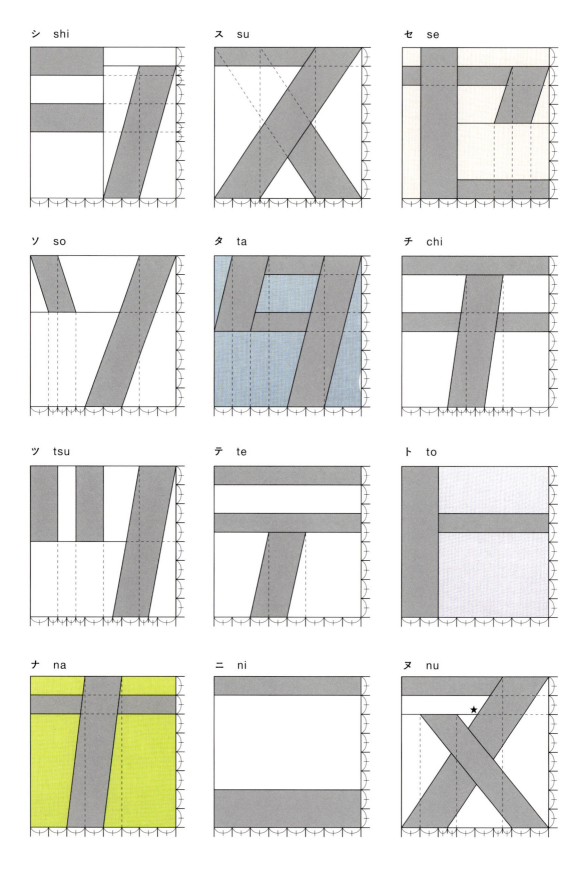

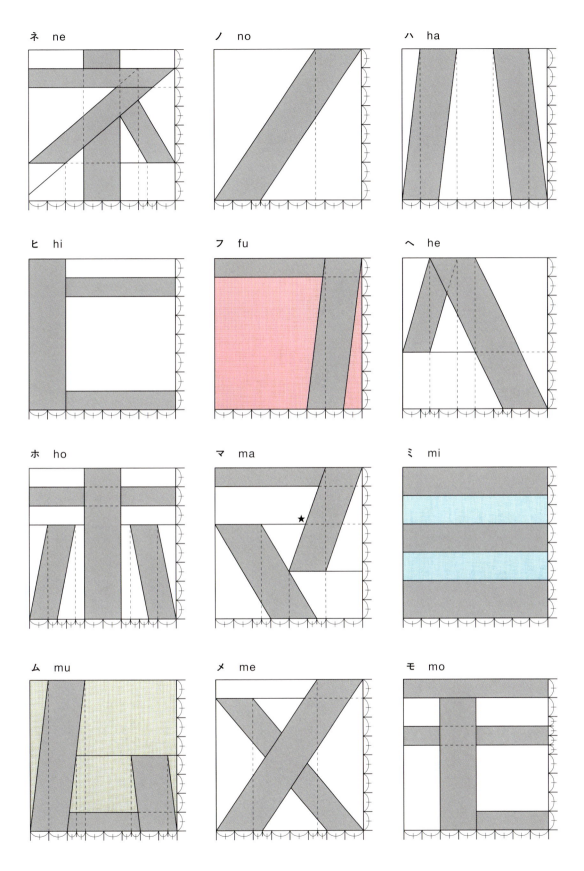

文字 ‖ Typographic characters

文字 ‖ Typographic characters

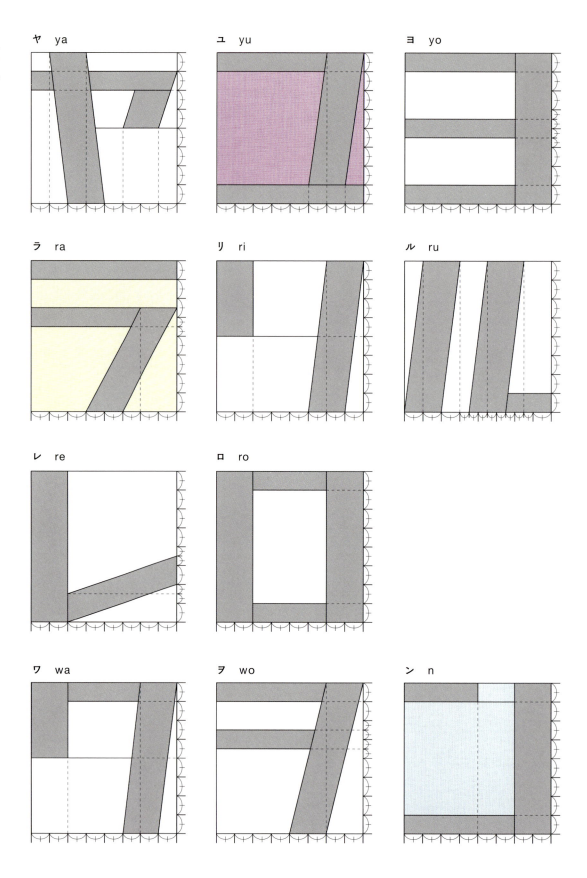

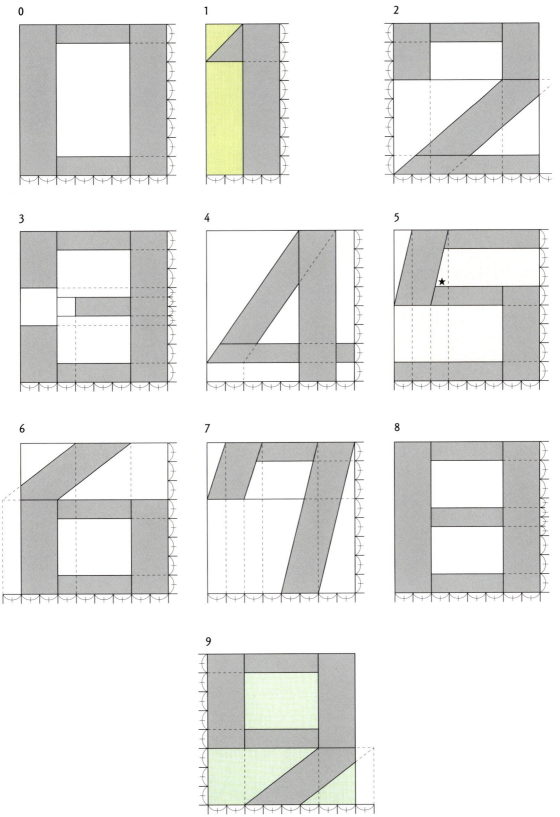

文字 ‖ Typographic characters

文字 ‖ Typographic characters

katakana 5

カタカナのしおり
丸のアクセントが印象的なカタカナのしおり。裁ち切りのフェルトを貼り合わせて作りました。
各7×7cm

138　製図 ▶ p.140-143　作り方 ▶ p.167

katakana 5

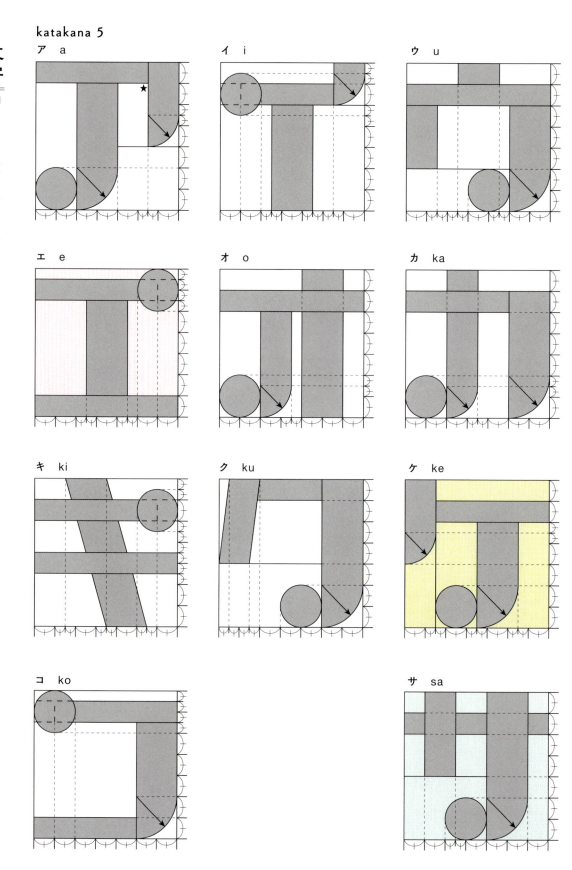

140　※丸はすべてアップリケ。

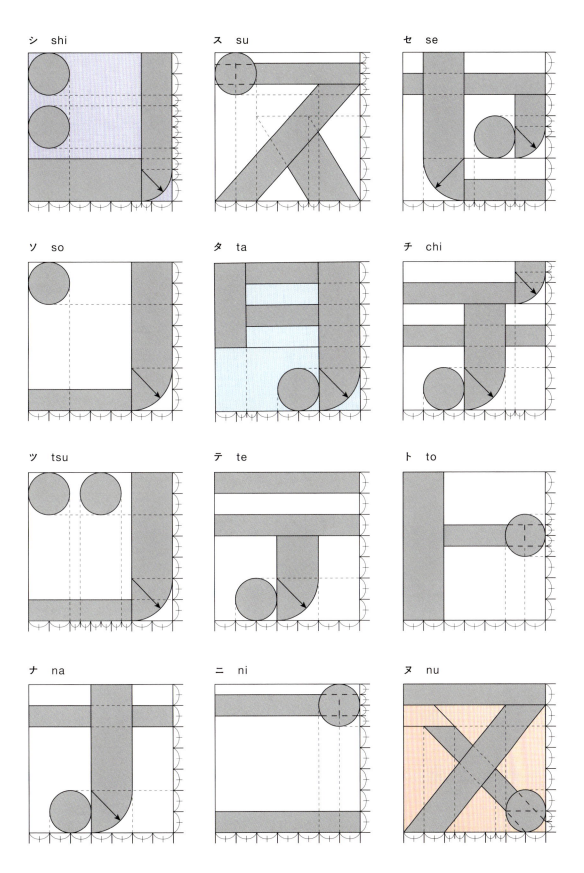

文字 ∥ Typographic characters

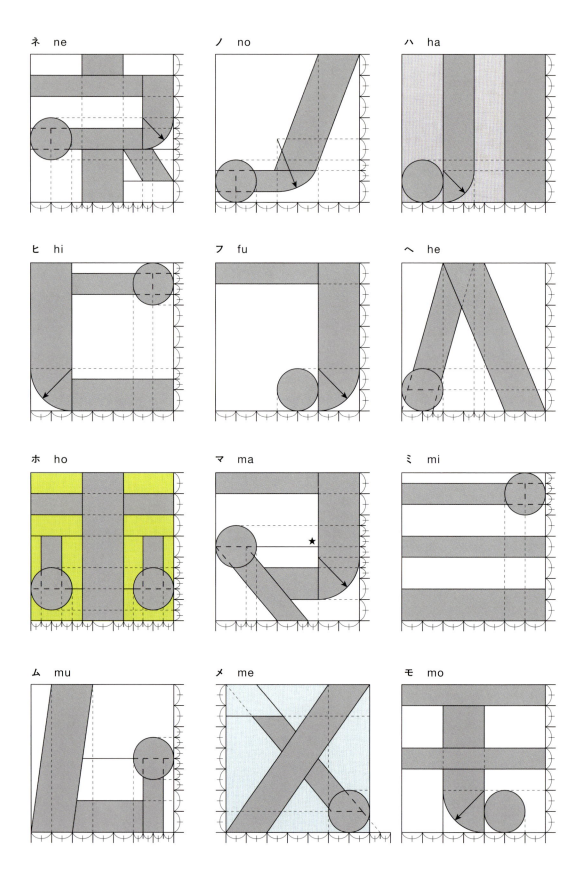

142　※丸はすべてアップリケ。

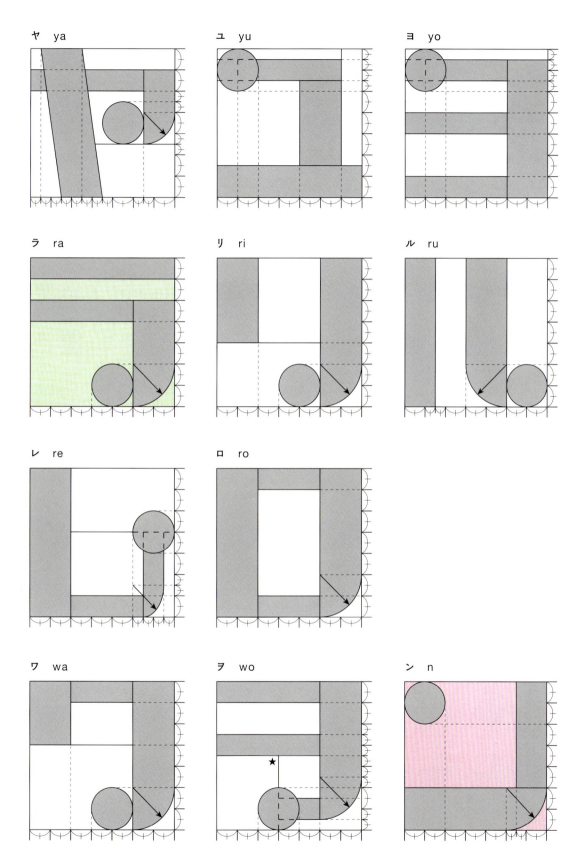

文字 ∥ Typographic characters

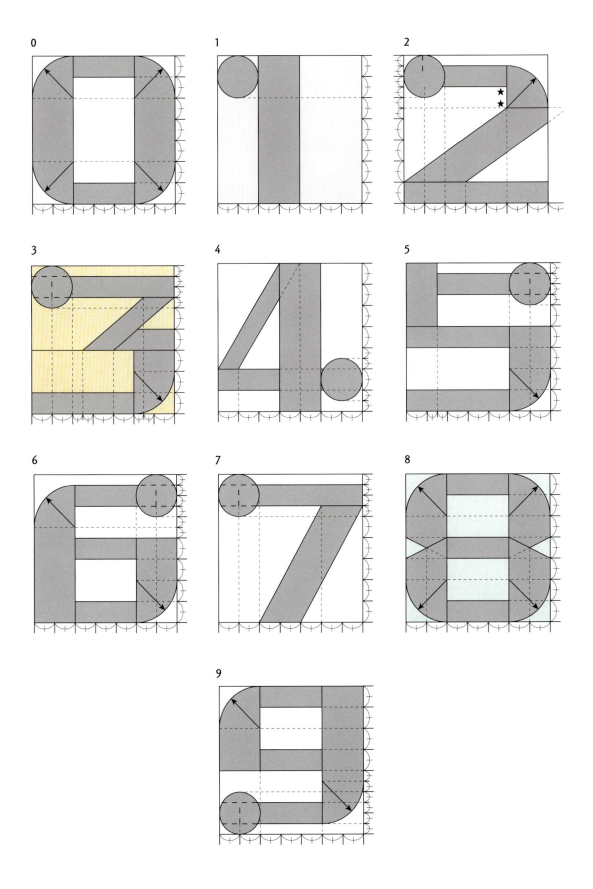

144　※丸はすべてアップリケ。

katakana 6

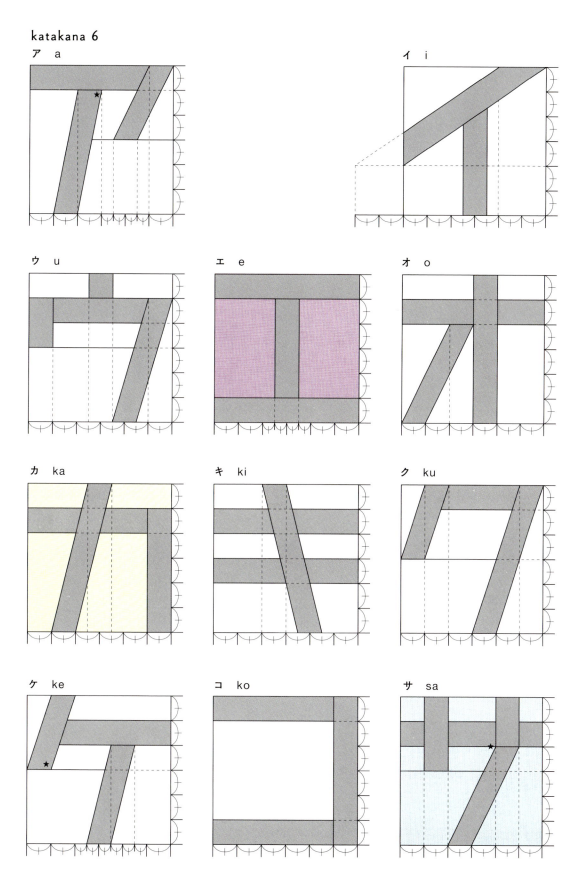

文字 ‖ Typographic characters

文字 ‖ Typographic characters

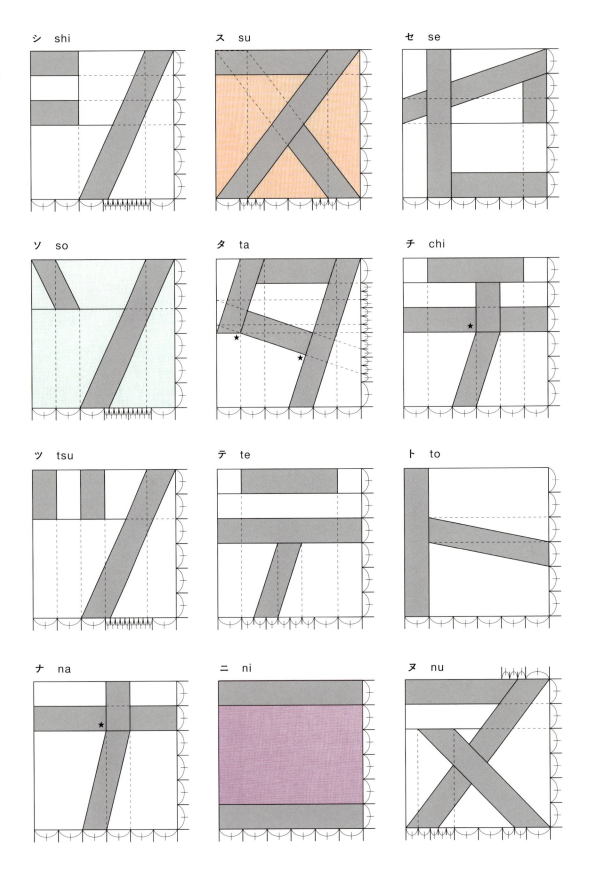

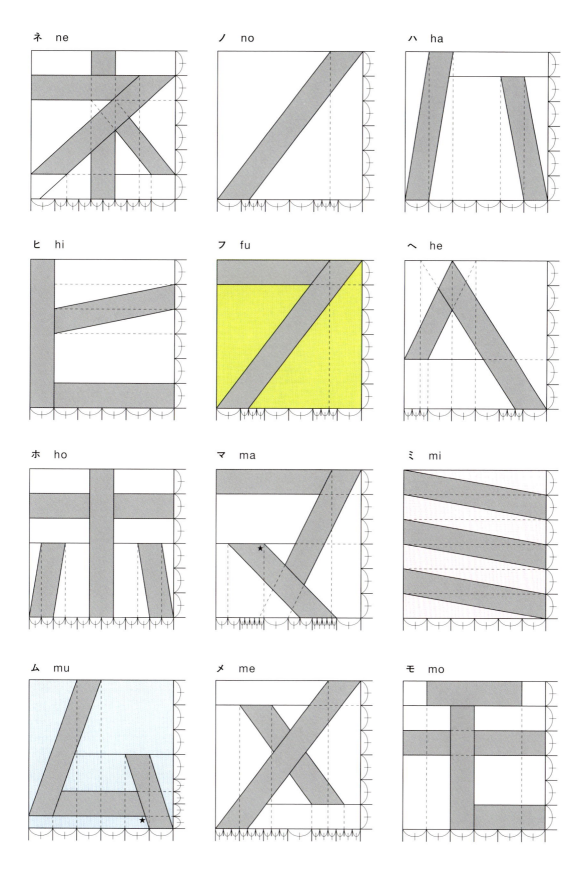

文字 ‖ Typographic characters

ヤ ya ユ yu 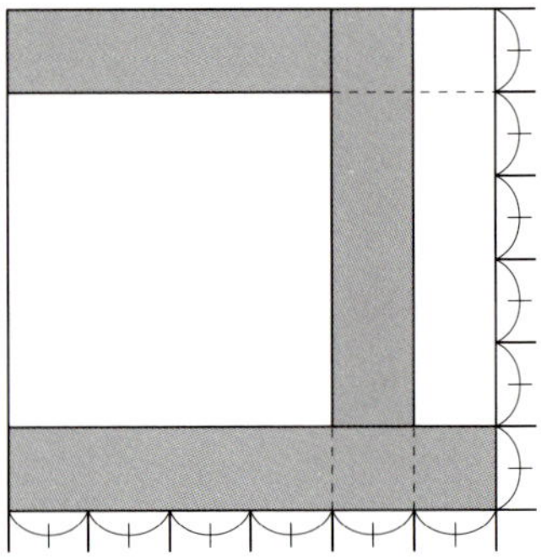 ヨ yo

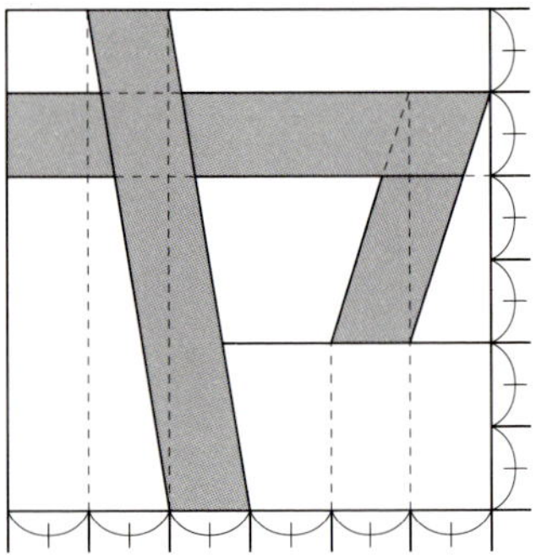

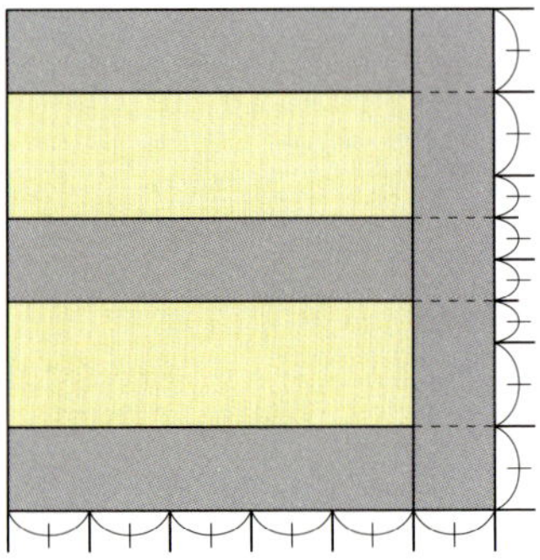

ラ ra 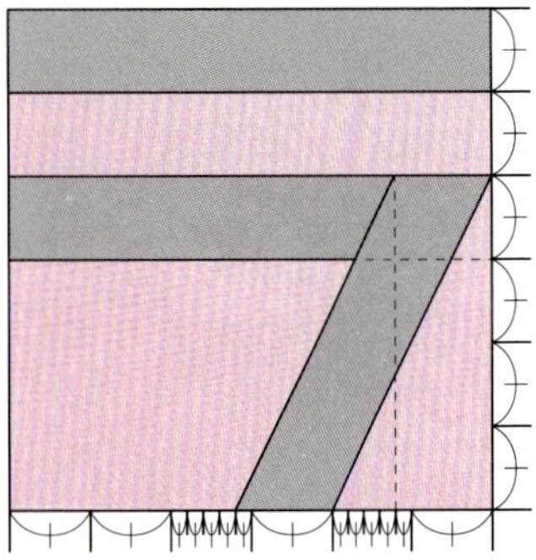 リ ri 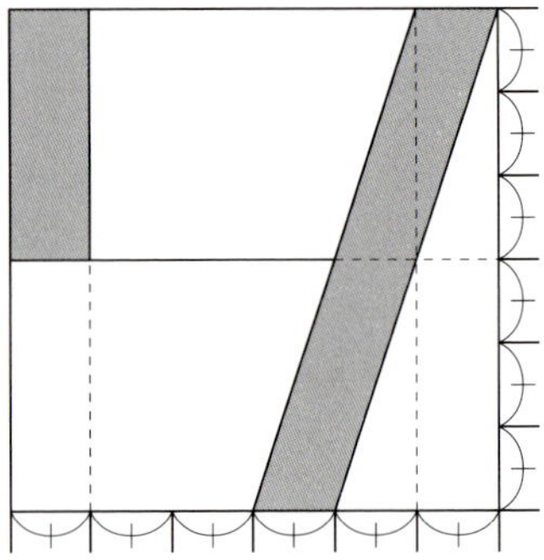 ル ru

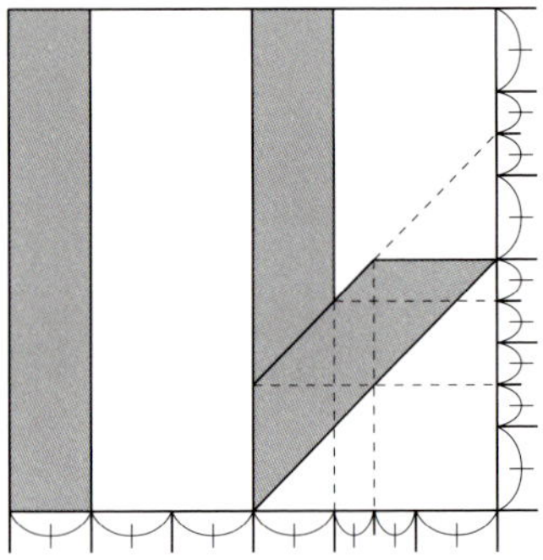

レ re 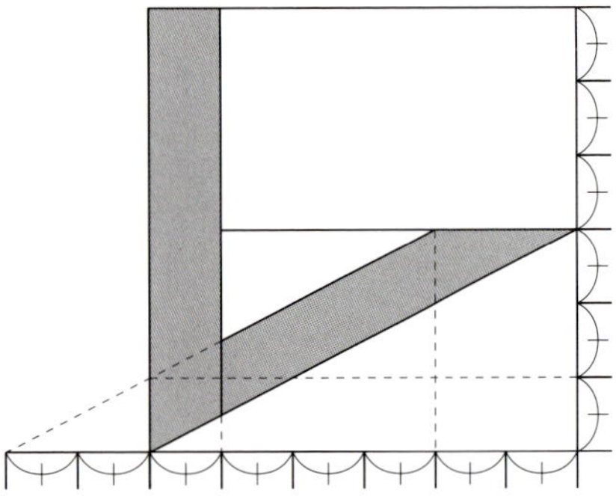 ロ ro

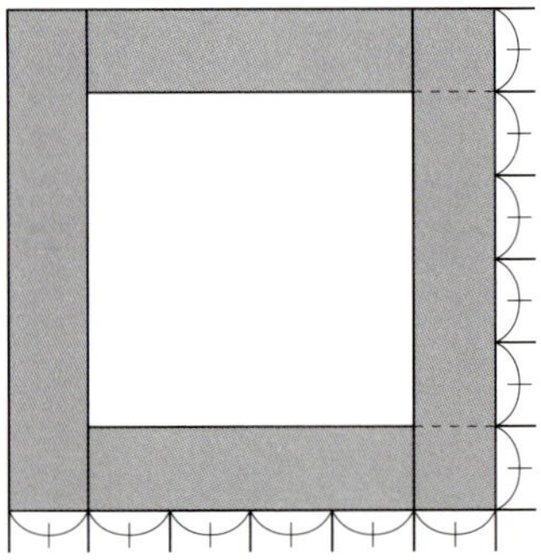

ワ wa 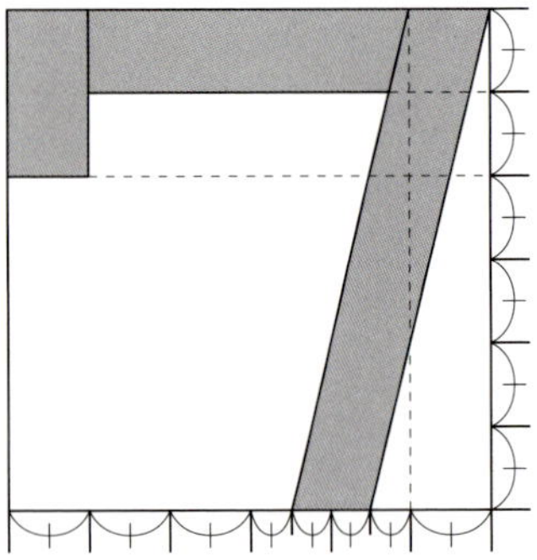 ヲ wo 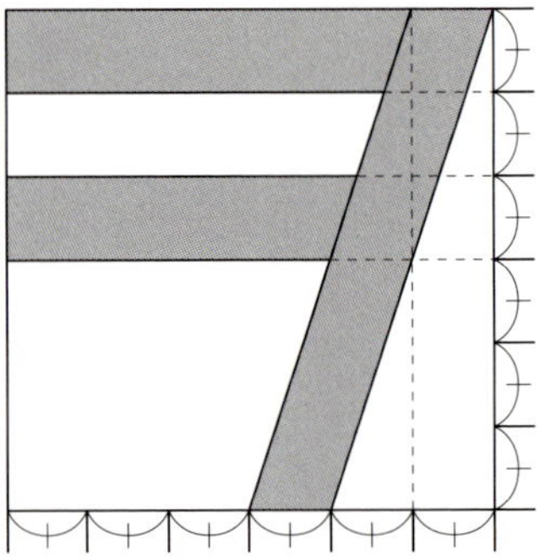 ン n

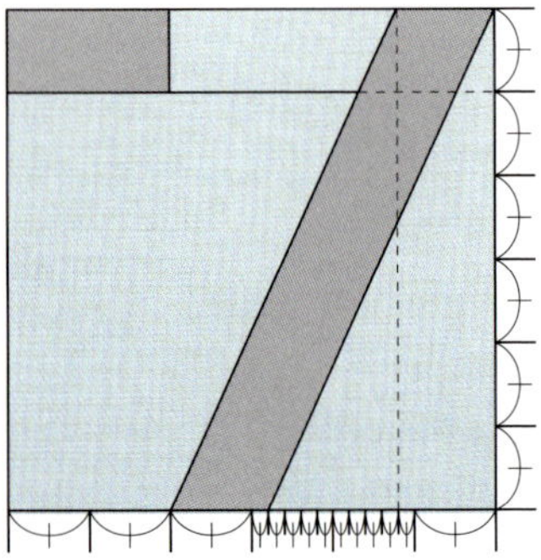

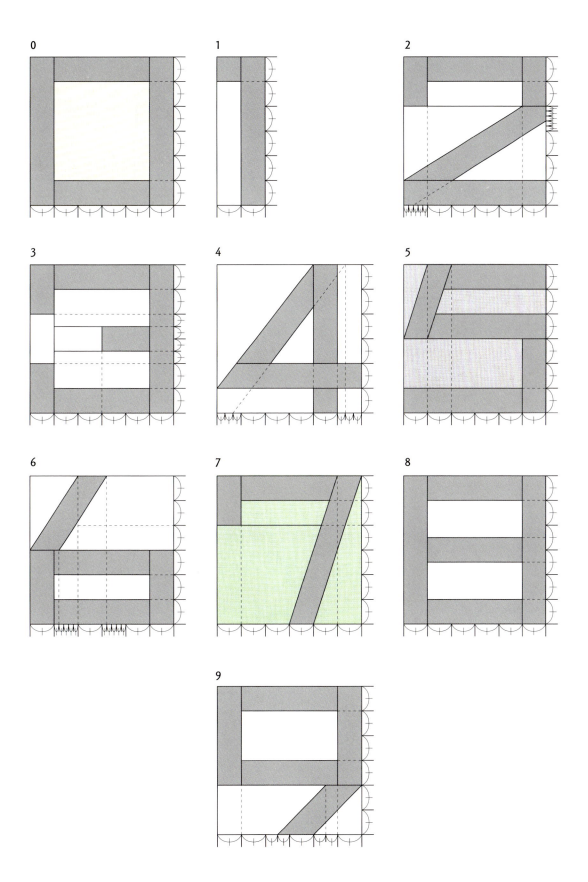

文字 ‖ Typographic characters

文字 ‖ Typographic characters

kanji, et al

150

漢字のポーチ

日本、大入、赤白の各2文字のパターンをペタンコポーチにしました。おめでたい配色で、ユニークかつ印象的に。
各10×20cm

文字 / Typographic characters

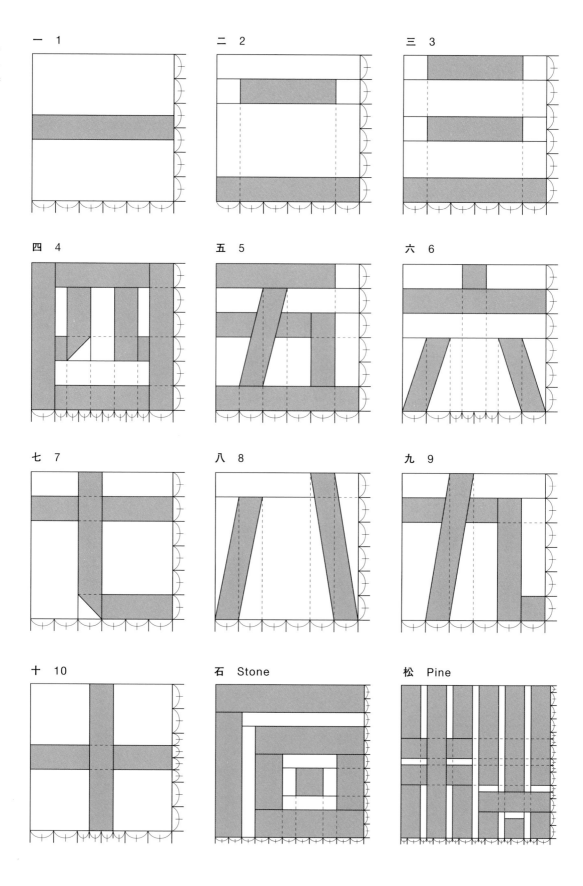

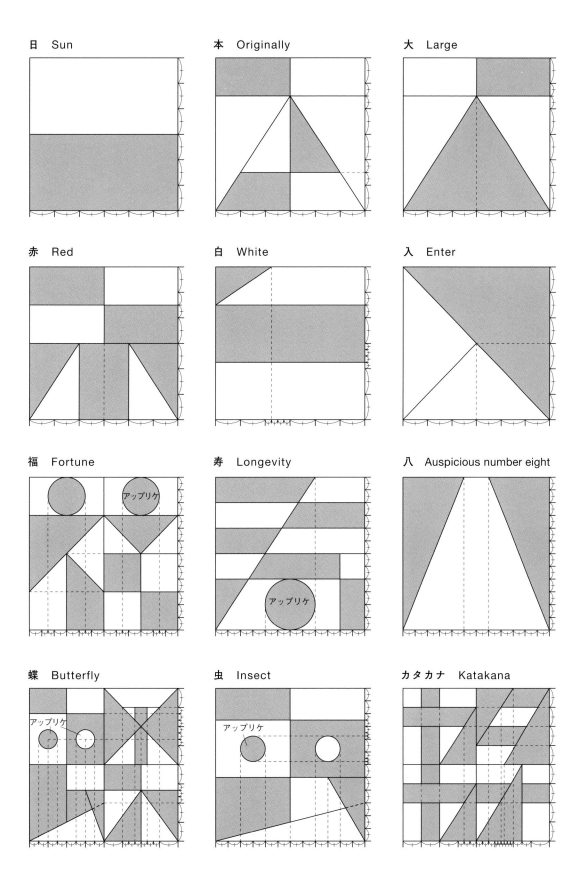

基本の道具

型紙作りから縫い合わせまでに使用する、基本の道具を紹介します。

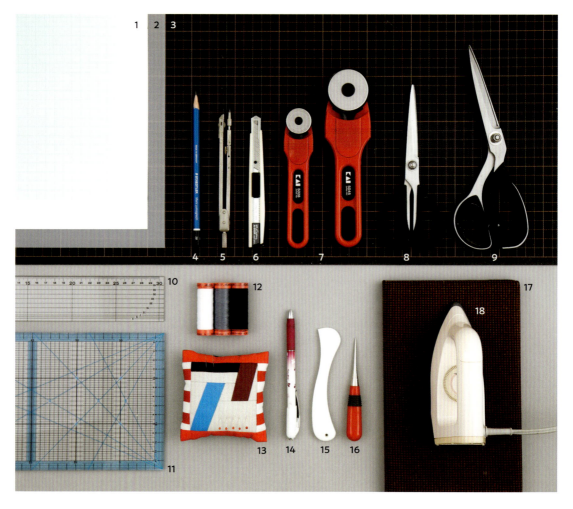

1 方眼用紙／パターンを製図するために使う。0.1cmの細かな目盛りが入っているものを選ぶ。

2 トレーシングペーパー／型紙として使用する。温度や湿度による伸縮が少なく、やぶれにくい厚口のものを用意。

3 カッターマット／カッターなどを使用する時に下に敷く。使用する布や紙よりも大きなサイズのものが使いやすい。

4 鉛筆／製図する時や布に型紙を写す時に使用。芯の固さは、製図にはH、布には2Bがおすすめ。

5 コンパス／パターンの円を描く時に使用する。

6 カッター／型紙のトレーシングペーパーをカットする時に使う。替え刃を用意し、こまめに替える。

7 ロータリーカッター／刃を定規に沿わせて回転させるときれいな直線で布を裁つことが出来る。カットする布のサイズに合わせて大小のサイズを使い分ける。

8 はさみ(紙用)／方眼用紙やトレーシングペーパー、厚紙を切る時に使う。布用のはさみとは分けて使用する。

9 裁ちばさみ(布用)／布を裁つ時に使用する。手の大きさに合わせて、使いやすいサイズのものを用意する。

10 定規／透明タイプで細かな平行線が入ったものが使いやすい。目盛りが黒の淡色生地用と、黄色の濃色生地用があると便利。

11 方眼定規／方眼の目盛りと角度が測れる斜めの線が入っているものが便利。

12 縫い糸／縫い糸はどんな素材にも使いやすい60番を用意。布の色に合わせた色を準備する。

13 縫い針、まち針／縫い針は長めのしつけ針、針先の細いアップリケ針、短めのキルト針を用意。用途によって使い分ける。まち針は、頭の玉が小さく、針先が細く長いものが使いやすい。

14 印付けペン／シャープペンシルタイプのものを使用。芯の色は布の色によって、印が見えやすいように濃淡を準備する。

15 へら／布に折り目を付ける時に使用する。

16 目打ち／仕立て時に縫い目や角を表に出す時に使用する。

17 パッチワーク用マルチボード／片面がアイロン台、もう片面は印付け用のサンドペーパーになっているボード。

18 アイロン／布のシワ取りのほか、縫い合わせた後にアイロンをかけて針目を落ち着かせるために使用する。小回りの効く、小さいタイプがおすすめ。

型紙の作り方、写し方

方眼用紙とトレーシングペーパーを使った、基本的な型紙の作り方、写し方を紹介します。

1　方眼用紙に使用するパターンを製図する。上に厚口トレーシングペーパーを重ねてテープで固定し、鉛筆と定規でなぞる。

2　製図を写したトレーシングペーパーを、定規とカッターを使い、線に沿ってピースごとにカットする。

3　型紙が出来た。同じ形の場合は、1枚だけでもよい。

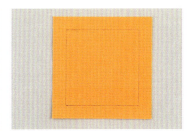

4　マルチボードのサンドペーパー面に、裏を上にして布を置く。縫い代分の余裕を見て型紙を重ね、鉛筆で輪郭をなぞる。

5　周りに0.7㎝の縫い代を付けて、ピースをカットする。縫い代の印は付けず、定規の目盛りを使って裁つ。

6　1ピース出来た。同様に他のピースも準備する。

基本の縫い方

下のナインパッチを使い、基本の縫い合わせ方のポイントを紹介します。

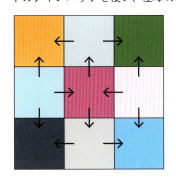
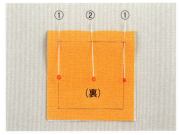

1　型紙を作って布の裏に型紙を写し、周りに0.7㎝の縫い代を付けて各ピースをカットする。

2　隣り合う2枚のピースを中表に合わせ、左右端の印同士にそれぞれまち針を打つ(①)。つぎに左右の印の中心にまち針を打つ(②)。

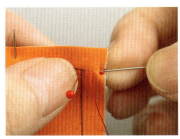

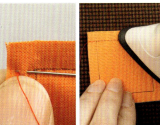

3　まち針の針先をはずして垂直に立てる。縫い糸を1本取りで印の延長線上の外側から縫い始め、1針返し縫いをする。

4　印を付けた線に沿って、細かい針目で縫う(左)。1㎝に6目程度を目安にする。指の腹を使い、縫い目をしごいて平らにする(右)。

5　布端まで縫い終わったら、1針返し縫いをし、玉止めをする(左)。両面から縫い目にアイロンをあて、糸と布をなじませる(右)。

155

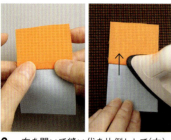

6 布を開いて縫い代を片倒しして(左)、アイロンで押さえる(右)。縫い代は色の濃い方に片倒しする。

7 同様の縫い方で横に3枚のピースを繋ぐ。

8 同様の縫い方で3枚作る。縫い代は上下で重ならないように交互に倒すとよい。

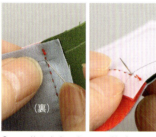

9 2枚を中表に合わせ、接ぎ目からまち針を打つ。接ぎ目の印上からまち針を刺し(左)、もう1枚の接ぎ目の印上に出す(右)。

10 つぎに左右端の印同士にまち針を打ち、あとはその間に等間隔に打つ。

11 印の延長線上の外側から、1針返し縫いで縫い始め、細かい針目で縫い、最後も1針返して玉止め。縫い代も避けずに一緒に縫う。

12 両面から縫い目にアイロンをあて、糸と布をなじませる。

13 布を開き、縫い代を片倒ししてアイロンで押さえる。

14 同様にしてもう1枚も縫い、完成。最後もアイロンをしっかりかけて、糸と布をなじませ、縫い代を押さえる。

はめ込み縫い

3枚のピースが接する部分で使うはめ込み縫い。縫い代を避けながら縫う方法を解説します。

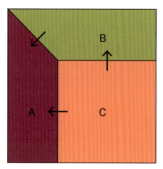

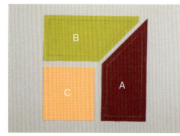

1 型紙を作って布の裏に型紙を写し、周りに0.7cmの縫い代を付けて各ピースをカットする。

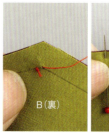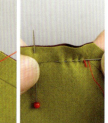

2 AとBを中表に合わせてまち針を打つ。印の角より1針内側から角に向かって針を出し(左)、そこから細かい針目で縫う(右)。

156

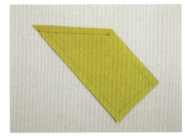

3 印の延長線上の外側までを縫って、玉止め。

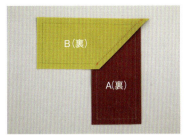

4 布を開いてアイロンをかける。縫い代はB側に片倒しにする。

5 AとCを中表に合わせて、まち針を打つ。

6 印の延長線上の外側から1針返し縫いをして縫い始め、細かい針目で縫う。印の角の手前まで縫ったところ。

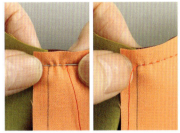

7 続けて印の角まで縫う(左)。針はC側に出す(右)。

8 角の内側で1針返し縫いをし、玉止めはせずに針と糸はそのままの状態にする。

9 縫い目にアイロンをあて、布と糸を落ち着かせる。

10 CとBを中表に合わせてまち針を打つ。

11 8の針と糸で印の角から縫い始める。Cの角から針を入れ(左)、Bの角に針を出す(右)。

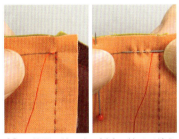

12 1針返し縫いをし(左)、続けて縫う(右)。

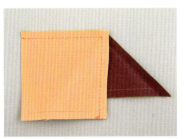

13 印の延長線上の外側まで縫い、最後は1針返し縫いをする。

14 縫い代はA・B側に片倒しし、アイロンをかけて、完成。

157

追いかけ縫い

どこから縫い始めていいかわからない、下のようなパターンの縫い方を解説します。

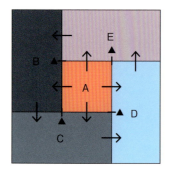

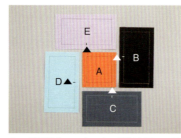

1 型紙を作って布の裏に型紙を写し、周りに0.7cmの縫い代を付けて各ピースをカットする。長方形のピースの内側には中心に印（▲）を入れておく。

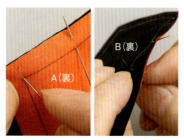

2 AとBを中表に合わせてまち針を打つ。Aの端とBの▲が合うように確認し、まち針を打つ。

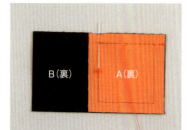

3 縫い糸を1本取りで、印の延長線上の外側から1針返し縫いをして縫い始め、Aのピースの中心くらいまでを縫う。

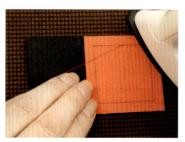

4 玉止めはせずに糸はそのままの状態で、縫い目にアイロンをあて、縫い目と布をなじませる。針は一旦はずしておく。

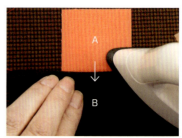

5 布を開いて縫い目にアイロンをかける。縫い代はB側に片倒しにする。

6 5とCを中表に合わせてまち針を打ち、印の外側の延長線上から反対側の印の延長線上の外側までを縫う。

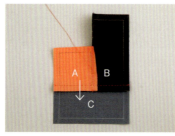

7 布を開いてアイロンをかける。縫い代はC側に片倒しにする。

8 6～7と同様の手順でA・CにDを縫い合わせる。

9 同様の手順でA・DにEを縫い合わせる。

10 3で途中まで縫っておいたBとA・Eを中表に合わせて、まち針を打つ。休ませておいた縫い糸に針を通す。

11 途中から印の延長線上の外側までを縫う。布を開いてアイロンをかける。縫い代はB側に片倒しにし、完成。

カーブの縫い方

きれいなカーブを出すのが難しい、曲線同士のピースの縫い合わせ方を解説します。

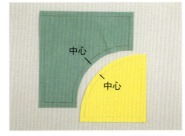

1 型紙を作って布の裏に型紙を写し、カーブ部分は0.5cm、周りは0.7cmの縫い代を付けて各ピースをカット。カーブの中心にはそれぞれ合印を入れる。

2 2枚を合印で中表に合わせ、合印にまち針を打つ。

3 つぎに端、中心、その間の順でまち針を打ち、カーブの半分を合わせる。

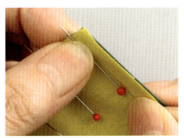

4 縫い始めに2枚の端をきちんと揃える。

5 印の延長線上の外側から、1針返し縫いをして縫い始める。

6 合印まで縫ったら、1針返し縫いをする。

7 針と糸はそのままで、残りのカーブもまち針を打つ。

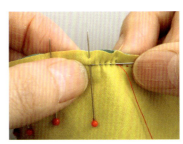

8 同じ針と糸で、続けて縫い合わせる。印の延長線上の外側まで縫い、最後は1針返し縫いをして玉止めする。

9 縫い目を指の腹でしごき、縫い目を落ち着かせる。

10 カーブの形をきれいに出す。縫い代は内側に片倒しする。

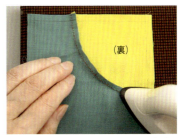

11 表と裏の両面にアイロンをあて、完成。

アップリケの縫い方

土台布に円のモチーフ布を奥たてまつりで縫うアップリケの縫い方を解説します。

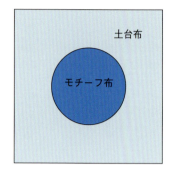

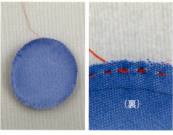

1 型紙を作って布の裏に型紙を写し、カーブ部分は0.5cm、他は0.7cmの縫い代を付けて各ピースをカットする。

2 縫い糸1本取りで、モチーフ布の縫い代を細かい針目でぐるりと縫う(左)。縫い始めと縫い終わりは数目重ね、縫い終わりは表に針を出す(右)。

3 モチーフ布の出来上がりと同サイズの厚紙を裏側に重ね、糸を引き絞って玉止めする。

4 表と裏の両面からアイロンをかける。

5 厚紙をモチーフ布から取り出す。

6 まち針などで、土台布にモチーフ布の付け位置を付ける。

7 土台布の付け位置にモチーフ布を重ね、一旦まち針で留め、しつけをかける。

8 土台布の裏から針を入れ、モチーフ布の出来上がりの山に針を出す。

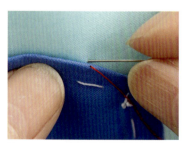

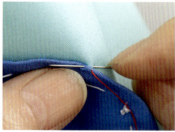

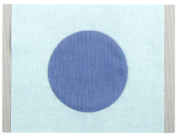

9 モチーフ布の出来上がりの山よりやや内側の土台布に針を刺す。

10 モチーフ布の出来上がりの山に針を出す。

11 同様にくり返し、ぐるりとまつる。アップリケの完成。

HOW TO MAKE

- 図中の数字の単位はcmです。
- パターンのサイズは縦と横のみを表記しています。各ピースのサイズはそれぞれのページの製図に従って算出してください（3ページの本書についてを参照）。
- 構成図のサイズに縫い代は含んでいません。周囲に縫い代を付けて布を裁ってください。ピースは0.7cm（ウール素材は1cm）、バッグなどの小物は0.7〜1cmの縫い代を付けます。
- 布の用尺は布巾×長さで表記しています。
- 基本的にパターンの縫い代は目立たせたい側、パターンのカタチ側に倒しますが、布や縫い方によって倒しやすい側にしてもかまいません。
- 作品の出来上がりは、図の寸法と多少差の出ることがあります。

p.112　カタカナのキルトトップ

材料
ピーシング用布各種　ボーダー用布（ラティス分含む）80×95cm

作り方のポイント
- パターンは114〜117ページ参照。

出来上がり寸法　89×69cm（裁ち切り）

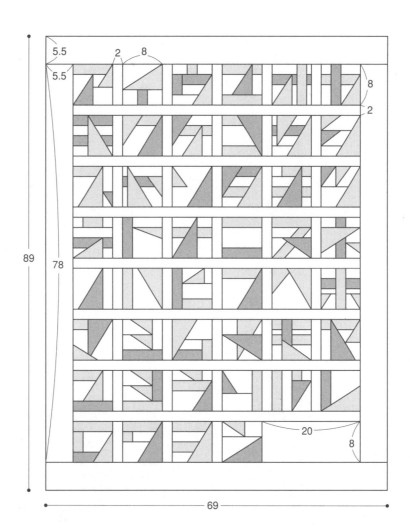

p.30 裁縫用具のポーチ2種

材料（1個分）
ピーシング、つつみボタン用布各種　本体後ろ用布30×30cm　接着芯、中袋用布各55×30cm　長さ24cmファスナー1本　直径2.4cmつつみボタン2個　フェルト適宜

作り方のポイント
- ファスナーを付けるときは、ファスナーテープの織りが変わる辺りを目安に本体の口を合わせる。
- 中袋には接着芯を貼らない。
- パターンは31ページ参照。

出来上がり寸法　25×24cm

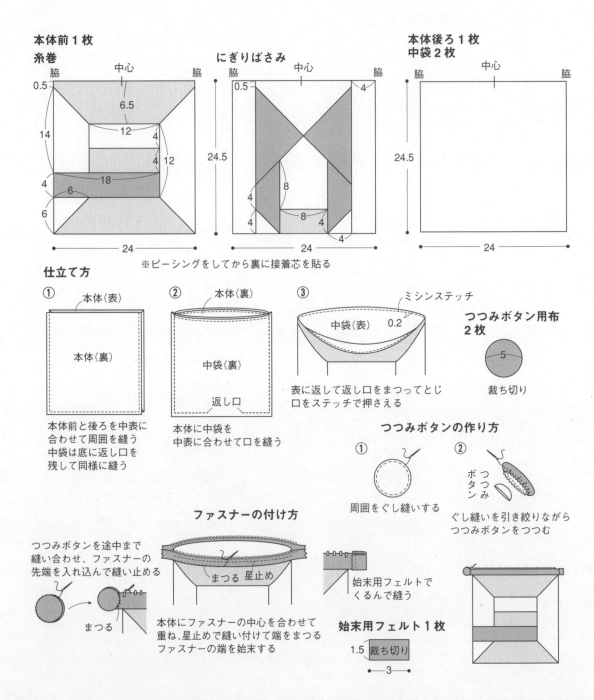

p.40 畳敷のクッション5種

材料（1個分）
大／ピーシング用ウール各種　本体後ろ用ウール2種各30×45cm　薄手接着芯（本体後ろ分含む）90×70cm　40cm角ヌードクッション1個
小／ピーシング用ウール各種　本体後ろ用ウール2種各25×35cm　薄手接着芯（本体後ろ分含む）80×50cm　30cm角ヌードクッション1個

出来上がり寸法　大／40×40cm　小／30×30cm

作り方のポイント
- ウールは1cmの縫い代を付ける。
- 薄手接着芯はピースごとに貼ってから縫い合わせる。
- パターンは36ページ参照。

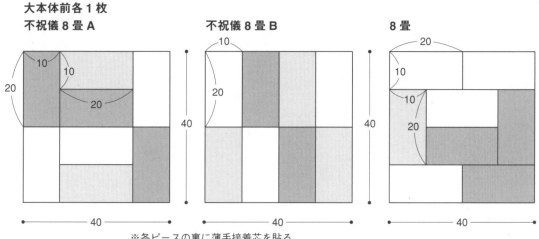

※各ピースの裏に薄手接着芯を貼る

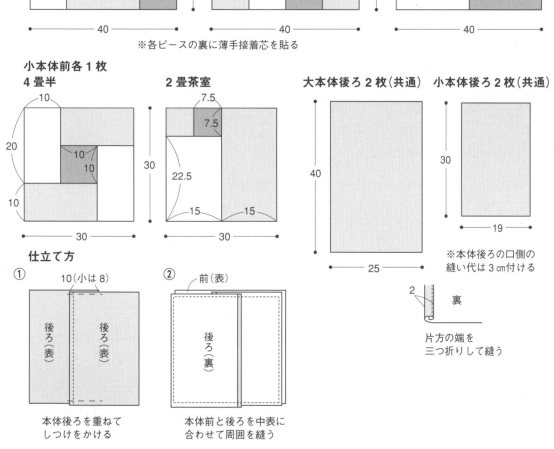

p.58 観光地のバッグ4種

材料（共通）
ピーシング用布各種　本体後ろ用布30×30cm　中袋用布60×30cm　持ち手用布40×15cm　接着芯（本体後ろ、持ち手分含む）70×40cm

作り方のポイント
- 中袋には接着芯を貼らない。
- パターンは60ページ参照。

出来上がり寸法　24×24cm

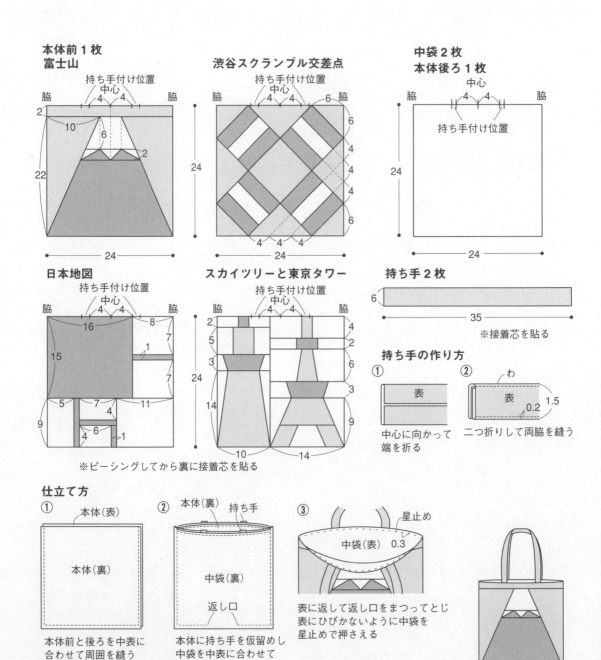

p.80 源氏香のバッグ4種

材料（共通）
ピーシング用布各種　本体後ろ用布（本体前、持ち手分含む）65×55cm　中袋用布65×40cm　接着芯（本体後ろ、持ち手分含む）60×45cm

出来上がり寸法　33×27cm

作り方のポイント
- 中袋には接着芯を貼らない。
- パターンは82・83ページ参照。

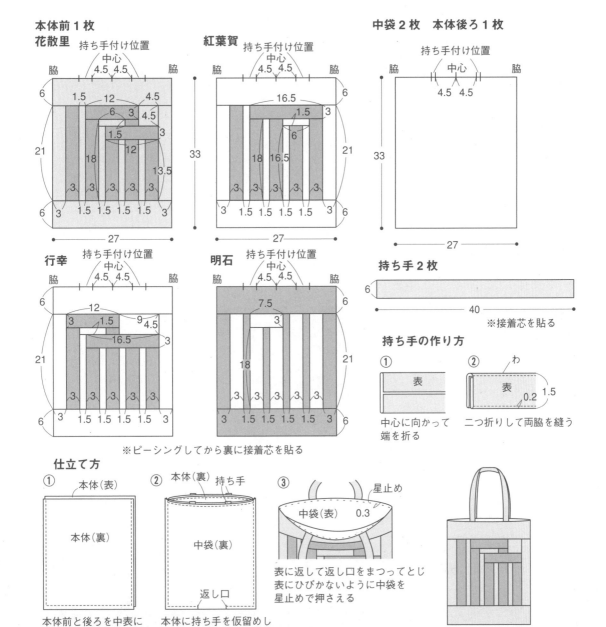

p.88 禅語タペストリー

材料
ピーシング用布各種　キルト綿、裏打ち布各30×30㎝
幅3㎝バイヤステープ120㎝

出来上がり寸法　28.4×28.4㎝

作り方のポイント
- トップ、キルト綿、裏打ち布の3枚をスプレーボンドで貼り合わせてからキルティングするとよい。
- パターンは84・85ページ参照。

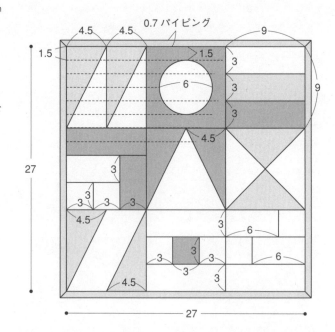

p.89 矢羽根のキルトトップ

材料
ピーシング用布各種

出来上がり寸法　48×48㎝（裁ち切り）

作り方のポイント
- パターンは90ページ参照。

実物大型紙

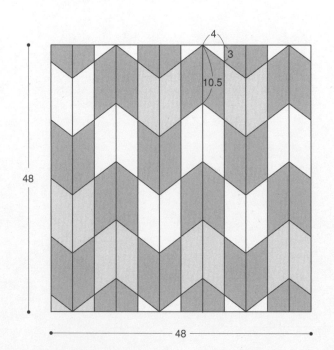

p.138 カタカナのしおり3種

材料（1個分）
フェルト各種　内径0.5cmハトメ1組　幅0.2mm革ひも20cm

出来上がり寸法　7×7cm

作り方のポイント
- ピーシング用のパターンをアップリケ用にアレンジして使用。
- ハトメは打ち具がセットになっているものが便利。
- パターンは140ページ参照。

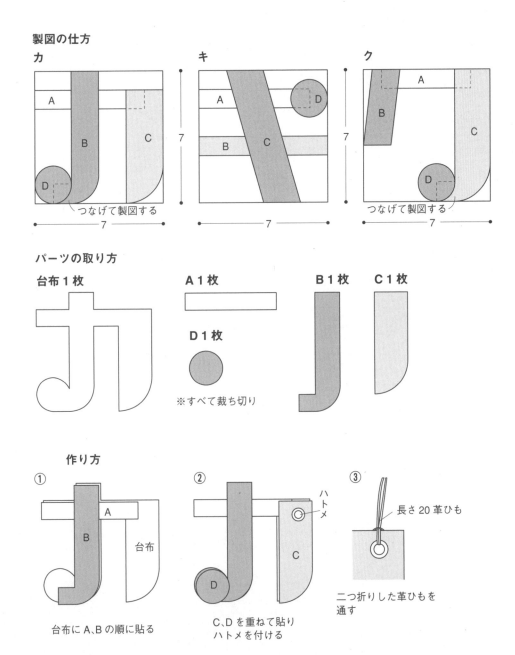

p.98 家紋のコースター 10 種

材料（1個分）
本体前用布適宜　本体後ろ用布（本体前分含む）25×15cm　薄手接着芯15×15cm

作り方のポイント
- パターンは100・101ページ参照。

出来上がり寸法　10×10cm

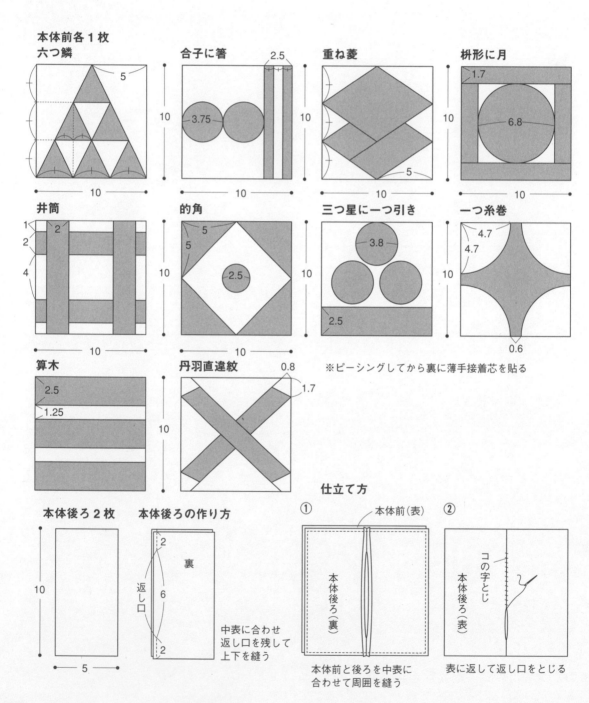

p.122　カタカナのポケット3種

材料
本体前用布各種　本体後ろ用布、薄手接着芯各10×10cm　Tシャツ（サイズ110）、30×27.5cmぺたんこバッグ各1枚

出来上がり寸法　7.5×7.5cm（ポケットのみ）

作り方のポイント
- 本体前のみ薄手接着芯を貼る。
- ポケットは好みのものや場所に付けるとよい。
- パターンは119ページ参照。

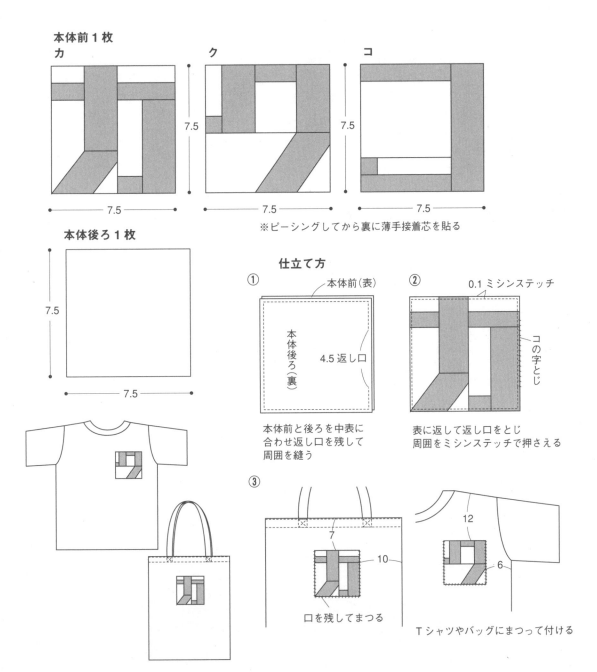

p.106　現代家紋のパネル 6 種

材料（1枚分）
ピーシング用布各種　フェルト30×30cm　30×30cm木製ボード1枚　タッカー

出来上がり寸法　30×30cm

作り方のポイント
- フェルトはキルト綿でもよい。
- タッカーの代わりに、両面テープやボンドで貼り付けてもよい。
- 作り方は171ページ参照。
- パターンは108ページ参照。

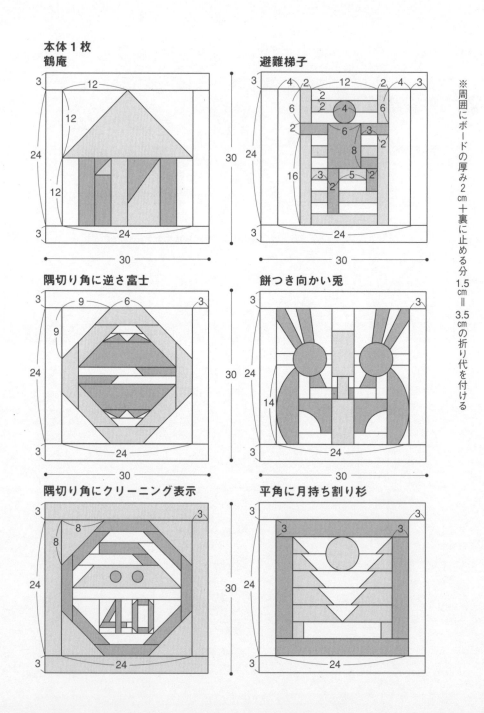

p.54　新年飾りのパネル 2 種

材料（1枚分）
ピーシング用布各種　フェルト30×30cm　30×30cm木製ボード1枚　タッカー

出来上がり寸法　30×30cm

作り方のポイント
- フェルトはキルト綿でもよい。
- タッカーの代わりに、両面テープやボンドで貼り付けてもよい。
- パターンは55ページ参照。

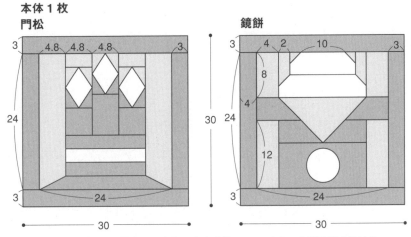

※周囲にボードの厚み 2 cm＋裏の止める分 1.5 cm＝3.5 cmの折り代を付ける

作り方

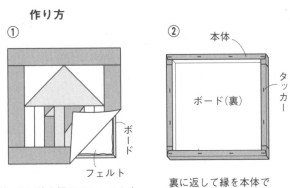

① ボードに裁ち切りのフェルトを貼り、本体を重ねる

② 裏に返して縁を本体で巻いてタッカーで留める

p.128 カタカナのがま口ポーチ大小5種

材料（1個分）
大／ピーシング用布各種　本体後ろ用布（本体前分含む）、薄手接着芯、中袋用布各30×30cm　幅8.5×高さ3.5cmがま口金1個
小／ピーシング用布各種　本体後ろ用布（本体前分含む）、薄手接着芯、中袋用布各30×20cm　幅8.5×高さ3.5cmがま口金1個

出来上がり寸法　大／18.8×11cm　小／11.3×11cm

作り方のポイント
- 縫い代Aを折って縫うとき、表側から目立たない色の糸で縫う。
- 中袋には接着芯を貼らない。
- パターンは125～131ページ参照。

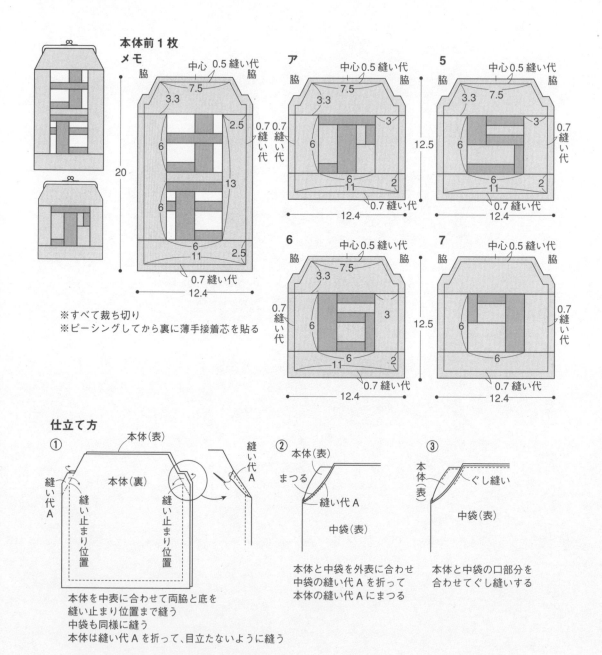

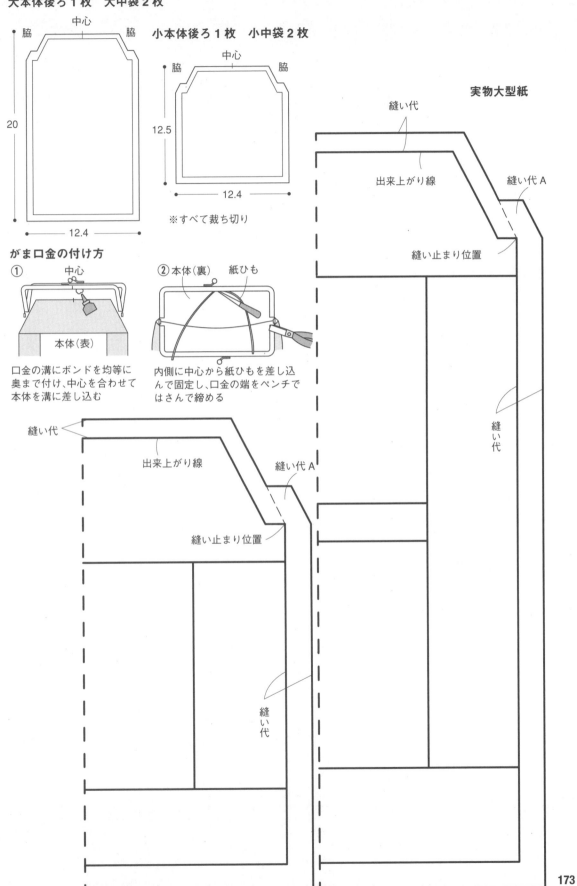

p.132 カタカナのピンクッション 9 種

材料（1個分）
ピーシング用布各種　本体後ろ用布15×15cm　手芸綿適宜

出来上がり寸法　10.5×10.5cm

作り方のポイント
- パターンは133〜136ページ参照。8cm角のパターンを7.5cm角に製図し直して使用する。

本体前 1 枚

ア　1.5　7.5　1　7.5　3.5　10.5　10.5
イ　1.5　7.5　5.5　7.5　2.5　10.5　10.5
ウ　1.5　7.5　3.5　3　7.5　3.5　10.5　10.5
エ　1.5　7.5　5.5　7.5　10.5　10.5

オ　1.5　7.5　1.5　7.5　5.5　10.5　10.5
カ　1.5　7.5　7.5　1.5　6.5　10.5　10.5
リ　1.5　7.5　3.5　7.5　3.5　10.5　10.5
ス　1.5　7.5　5　7.5　6.5　10.5　10.5

マ　1.5　7.5　7.5　4.5　2　10.5　10.5

※133〜136ページの8cm角のパターンを7.5cm角に製図する
ピースの間を短くしたり微調整をする

仕立て方

① 前（表）／後ろ（裏）
本体前と後ろを中表に合わせ周囲を縫う

② 綿／コの字とじ／後ろ（表）
表に返して綿を詰め返し口をとじる

本体後ろ 2 枚
10.5　5.25

後ろの作り方
2　裏　6.5　返し口　2
中表に合わせ返し口を残して上下を縫う

p.150　漢字のポーチ3種

材料（1個分）
ピーシング用布各種　本体後ろ用布25×15cm　接着芯、中袋用布各50×15cm　長さ20cmファスナー1本

出来上がり寸法　10×20cm

作り方のポイント
- 中袋には接着芯を貼らない。
- パターンは153ページ参照。

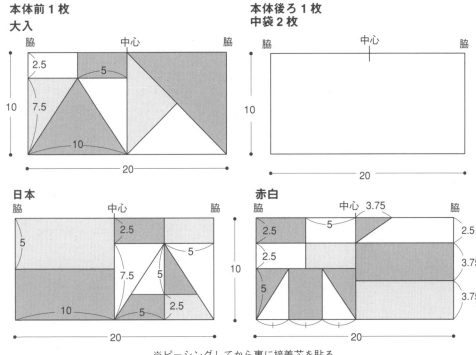

※ピーシングしてから裏に接着芯を貼る

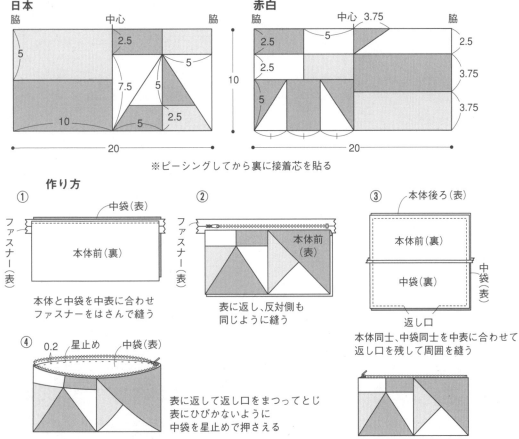

Profile

藤田久美子

キルトデザイナー。女子美術短期大学造形科でグラフィックデザインを専攻。卒業後、グラフィックデザイナーとして働いたのち、キルト作家になる。「藤田久美子キルターズスタジオ」を主宰。パッチワークを中心に、オリジナルデザインを学べる教室を開講している。また生地のデザインとプロデュースも手がける。手芸家の中島一恵氏とのユニット、F.O.Iとしても活動している。雑誌の連載、著書は多数。

制作協力

伊藤培美・内山久美子・森野悦子・甲斐幸代・町田ほずみ

素材提供

Quilts1989
http://quilts1989.com/
無地のカラー生地を販売。

道具協力

ブラザー販売株式会社
愛知県名古屋市瑞穂区苗代町 15-1
tel 0570-088-310（ブラザーコールセンター）
https://www.brother.co.jp/

参考文献

吉岡幸雄『王朝のかさね色辞典』
紫紅社, 2012 年

吉岡幸雄『日本の色辞典』
紫紅社, 2000 年

城一夫『日本の色のルーツを探して』
パイ インターナショナル, 2017 年

『日本の伝統色』
パイ インターナショナル, 2011 年

『日本の配色』
パイ インターナショナル, 2011 年

川崎秀昭『カラーコーディネイトのための配色入門』
日本色研事業, 2002 年

本書に掲載されている作品は、お買い上げいただいたみなさまに個人で作って楽しんでいただくためのものです。作者に無断で展示・販売することはご遠慮ください。

Staff

撮影
加藤新作　白井由香里

デザイン
橘川幹子

作図
大島幸

英文翻訳
亀口ゆき

編集
菊地杏子　恵中綾子（グラフィック社）

日本のカタチ
パッチワークパターン 750

2019 年 11 月 25 日　初版第 1 刷発行

著　者：藤田久美子
発行者：長瀬　聡
発行所：株式会社グラフィック社
　　　　〒102-0073
　　　　東京都千代田区九段北 1-14-17
　　　　tel　03-3263-4318（代表）
　　　　　　03-3263-4579（編集）
　　　　fax　03-3263-5297
　　　　郵便振替　00130-6-114345
　　　　http://www.graphicsha.co.jp

印刷・製本：図書印刷株式会社

定価はカバーに表示してあります。
乱丁・落丁本は、小社業務部宛にお送りください。小社送料負担にてお取り替えいたします。
著作権法上、本書掲載の写真・図・文の無断転載・借用・複製は禁じられています。
本書のコピー、スキャン、デジタル化等の無断複製は著作権法上の例外を除き禁じられています。本書を代行業者等の第三者に依頼してスキャンやデジタル化することは、たとえ個人や家庭内での利用であっても著作権法上認められておりません。

©Kumiko Fujita 2019 Printed in Japan
ISBN978-4-7661-3264-9　C2077